I0467517

El Modelo Del Coach
Cómo Convertirte En Consultor Y Conseguir 100 Clientes Por Medio Del Patrocinio

ULISES SUÁREZ

NOTA PARA EL LECTOR

DEDICATORIA

A mi madre, quien siempre me ha apoyado y alentado. A mis guías y hermanos: Frank Kern y Brendon Burchard, cuyos consejos me han ayudado a alcanzar nuevas alturas y una perspectiva más clara de lo que realmente importa en el mundo del marketing. Y a todos aquellos que desean compartir su experiencia con el mundo para ayudar a cambiar vidas para mejor.

CONTENIDO

RECONOCIMIENTOS

Brendon Burchard, Frank Kern y Rich Schefren. Gracias por sus perspectivas y claridad.

1 LA TIERRA PROMETIDA

Cada mes cientos de miles de personas son atraídas al internet con promesas que les aseguran que ganarán dinero mientras duermen y que podrán trabajar en ropa interior desde sus cocinas. Es como lo que sucedía durante la fiebre del oro; todos corrían hacia las montañas con la esperanza de conseguir oro y hacerse ricos; pero la realidad es que la abrumadora mayoría solo se rompía la espalda mientras que quienes realmente ganaban dinero con la fiebre del oro eran los que vendían comida, ropa, palas, etc. En fin, quienes vendían las herramientas para que aquellos continuaran buscando.

No es de extrañar entonces que los primeros en hacerse ricos con el internet hayan sido precisamente quienes ofrecen cursos sobre cómo ganar dinero con el internet. De ningún modo planeo colocarme en la hipócrita posición de decir "no me gustan los gurús". En realidad estamos hablando de personas, más que todo colegas, que se dedicaron a enseñar estrategias valiosísimas sobre las ventas por internet; pero no miento al decir que esos primeros colegas se hicieron ricos gracias a esos cursos sobre cómo hacer dinero en internet. No obstante, alguien tenía que enseñar estrategias para vender en línea, lo que siempre me hizo ruido fue ese título de *hacerse rico*.

Y quién no se ha dejado seducir por las promesas de "la vida del internet"; por supuesto que se puede hacer dinero en internet; el asunto es que la tarea no es muy sencilla que digamos. Muchos entramos en el juego buscando en Google: "cómo vender por internet", "cómo ganar dinero en internet", y algunos más osados, "cómo hacerse rico con internet".

El Modelo Del Coach

Si quieres obtener resultados diferentes a los que has tenido hasta ahora rentabilizando tu experticia, es necesario entonces que empieces a hacer las cosas de manera diferente. No puedes seguir haciendo lo mismo y esperar resultados diferentes.

No necesitas ni siquiera tener productos creados.

Con el modelo del coach no necesitas estar creando productos de información, lo que puede resultar frustrante, para algunos porque a mí me encanta.

¿Qué debes hacer para rentabilizar tu experiencia entonces sin necesidad de vender productos de información? **Te recomiendo que te conviertas en consultor o coach**.

Si ya eres consultor, entonces llevaremos tu negocio a un nuevo nivel. Si aún no lo eres, entonces te daré unas razones para empezar ahora.

La cantidad necesaria de clientes para ganar $10.000/mes.

Supongamos que deseas ganar $120.000 al año, te recuerdo que estos números son solo para ilustrar mi punto y en ningún caso estoy diciendo que ganarás ésta ni ninguna otra cantidad. Definitivamente no sé lo que ofreces.

Si quieres ganar $120.000 al año, eso significa que tu objetivo es $10.000 al mes ¿Me estás siguiendo? Si intentaras obtener esa cantidad vendiendo un producto de información de $100 ¿Cuántos clientes necesitarías para alcanzar la meta mensual?

$100 x 100 clientes/mes = $10.000/mes = $120.000 /año.

Necesitarías que 100 personas compren tu producto de información **cada mes**.

Suponiendo que tu video o página de ventas convierte el 1%, es decir que se necesitan 100 visitas para conseguir 1 venta. Entonces necesitarías 10.000 visitas al mes para lograr 100 ventas.

Ahora quiero que te des cuenta de cuántos clientes harían falta para llegar a los $120.000 al año. Estamos hablando de 1200.

Cómo lo hace un consultor o coach.

Suponiendo que mi meta es ganar $120.000/año, esto es lo que haría:

Solo necesitaría 5 clientes que paguen mis servicios digamos por $2.000 (La cantidad solo es un ejemplo y varía de acuerdo a cada caso). Eso equivale a $10.000/mes. Y como ese tipo de clientes puede permanecer un año conmigo, mi meta se lograría con tan solo esos 5 clientes, mientras yo les genere resultados cada mes.

Esto quiere decir que **el mismo conocimiento que te genera $120.000 con 1200 clientes, te puede generar lo mismo con 5 buenos clientes, si eres un consultor.**

Y tengo una noticia genial para ti.

ES MÁS FÁCIL CONSEGUIR 5 CLIENTES POR $2.000 QUE 1200 POR $100.

¿Quieres saber por qué y cómo? Más adelante.

Los clientes pagan cada mes y no necesitas nuevos clientes.

La siguiente razón para seguir el modelo del coach es que una vez que consigas esos clientes, que son pocos, ya no necesitarás salir a buscar nuevos clientes, ni hacer publicidad; porque si haces un buen trabajo, ellos permanecerán contigo por meses. Compara eso a tener que conseguir 100 clientes nuevos cada mes.

¿Quieres saber cómo conseguir esos clientes con una facilidad ridícula? Sigue leyendo, más adelante te enterarás.

Puedes predecir tus ingresos.

La siguiente en nuestra lista de razones es el hecho de que puedes predecir cuánto vas a ganar al mes siguiente. Eso sucede porque tendrás los mismos clientes entonces. Por otro lado, vendiendo productos de información no sabrás cuántas ventas lograrás hacer el próximo mes.

Es más cómodo.

La siguiente razón por la que deberías considerar este modelo es que no necesitas una oficina, equipo avanzado, y ni siquiera necesitas contratar a nadie más. Solo necesitas una calculadora y algo para tomar notas. No necesitas un sitio web, pero lo recomiendo con muchísima fuerza.

Además, tú puedes elegir la frecuencia con la que te comunicas con tus clientes: una vez por semana o por mes, tú decides. Eso depende de lo que ofrezcas.

Es más rápido conseguir un cliente.

Como te dije antes, es más sencillo vender un producto caro que uno barato. Y en este libro aprenderás cómo conseguir clientes que te paguen los precios más altos, dependiendo de tu mercado y tu estrategia de posicionamiento.

Pero lo más genial es que a pesar de que dije que aprenderás cómo conseguirlos, aprenderás más bien a lograr que ellos te busquen y te pidan que los dejes entrar.

Con el modelo que vas a aprender podrás incluso con un esfuerzo moderado conseguir tus clientes en días.

Los clientes consiguen resultados.

Una de las cosas que no puedes controlar cuando vendes productos de información es el hecho de que no todos tus clientes obtienen resultados. Cuando eres el coach de un pequeño grupo de personas, tienes más control sobre sus actividades. Por esta razón, ellos conseguirán resultados y serán felices, lo que hará que permanezcan contigo más tiempo.

Un nuevo embudo.

Si vamos a tener un embudo de coach o consultor, es mejor que tengamos uno que nos permita obtener los mayores ingresos posibles en un lapso de tiempo mucho más corto.

¿Crees que las personas que compran Ferraris primero compraron un producto menor de la compañía?

Pues no, ellos compraron el producto principal, el más caro; y luego compraron productos de menor precio relacionados con su compra.

Si te conviertes en un Ferrari de tu nicho, no tendrás que hacer publicidad común.

Cómo me di cuenta de que este nuevo embudo funcionaba mejor.

Cuando empecé a enseñar técnicas avanzadas de memorización, noté que las personas estaban más dispuestas a invertir más por la misma información dependiendo del nivel de interacción que yo tenía con ellos.

Quiero graficar este asunto:
En los tres casos la información es la misma.

MI LIBRO $

II

V

MIS CLASES EN GRUPO $$/MES

II

V

MIS CLASES PRIVADAS $$$/MES

¿Por qué estaban más dispuestos a pagar hasta tres veces más por mis clases privadas mensualmente cuando podían pagar menos por el libro, y pagarlo una sola vez, siendo la misma información?

La respuesta es la siguiente:

No es la información en sí lo que hace que suba el precio, y que ellos estén dispuestos a pagarlo, sino el formato en que la información es ofrecida.

Lee dos veces más lo anterior.

Quiero que pienses en tu cantante o banda preferida. Seguramente tienes por lo menos un disco. Si tuvieras el dinero y te ofrecieran tocar en tu cumpleaños ¿no pagarías aunque costase mucho más que el disco, sabiendo que tocarán lo mismo que está en ese disco?

Entiende que las personas que tienen el dinero pagarán más a medida que subas por la "escalera del interés" como la llama mi querido colega Frank Kern.

Te presento la escalera del interés como la explica Frank.

Hazlo por mí $$$$
Muéstrame cómo hacerlo $$$
Solo lee el manual $

1)   **Solo lee el manual**: es lo que todo el mundo vendiendo productos de información está haciendo. Te doy un curso sobre cómo entrenar a tu perro, y luego te las arreglas por ti mismo. Por esa razón la mayoría no obtiene los resultados deseados. Este tipo de formato es el más difícil de vender.

2) **Muéstrame cómo hacerlo bien**: es lo que hace un coach. Trabaja hombro con hombro con su cliente para asegurarse de que tenga éxito. Es muchísimo más fácil de vender que el primero.

3) **Hazlo por mí**: un experto podría hacer algo personalmente por alguien. Cuesta más dinero para el cliente. En algunos casos la escalera se invierte y el número 2 se vende mejor que el 3. Estos dos niveles son no obstante los más fáciles de vender y más cómodos para trabajar.

¿Ahora entiendes por qué es más fácil vender la misma información aunque ésta tenga un precio más elevado?

Las personas que tengan el dinero subirán rápidamente al 2 o al 3.

<u>Solo tienes que concentrarte en las personas que poseen los recursos económicos para estar en el 2 o el 3.</u>

Me permito agregar un nuevo escalón, lo cual hará que tu vida sea más sencilla.

Hazlo por mí $$$$
Muéstrame cómo hacerlo $$$

Muéstranos cómo hacerlo $$

Solo lee el manual $

La diferencia entre **muéstranos** y **muéstrame** es la siguiente:

Supón que solo puedes trabajar 2 horas a la semana y que atiendes un cliente por hora (**muéstrame**).

Si tu mensualidad es de $500 al mes:

2 X 4 semanas= 8 clientes al mes.
8 clientes X $500/mes = **$4.000/mes**.

Ahora supongamos que solo puedes trabajar 2 horas a la semana; pero que atiendes 100 personas al mismo tiempo por hora en un grupo de coaching, como si fuera un curso de esos tradicionales (**muéstranos**).

Si tu mensualidad es de $500 al mes:

100 clientes (los mismos cada semana) X $500/mes = **$50.000/mes**.

Te recomiendo entonces usar este embudo:

MUÉSTRANOS $$

II

V

MUÉSTRAME $$$

II

V

HAZLO POR MÍ $$$$

Por supuesto que habrá mercados en los que uno o dos escalones no se apliquen. Por ejemplo, en mis clases de técnicas de memorización avanzada de libros o idiomas yo no podría hacerlo por nadie; solo puedo llegar hasta muéstrame.

Un nuevo método para conseguir clientes.

Hasta aquí hemos discutido por qué las personas estarían dispuestas a pagar más.

Ha llegado la hora de que te inicies en un nuevo modelo.

Uno que te permita:

Que los clientes te busquen a ti; y no al contrario.

Que los que te busquen sepan cuánto cobras.

Que los que te busquen tengan dinero más que suficiente para pagar tus precios.

Que los que te busquen estén deseosos por lo que ofreces.

Que los que te busquen te crean y confíen en ti (aunque no te conozcan ¡increíble!).

Que los que te busquen adoren que les vendas y que esperen deseosos la próxima vez que lo hagas.

Que una empresa te los envíe en masa.

Un modelo que esté probado en cerrar ocho de diez ventas

Prepárate para un cambio de perspectiva en cuanto a cómo monetizar tus conocimientos sin mucho esfuerzo. Quienes manejamos esta información vamos a tomar el mercado de información por asalto.

2 EL TEMOR A LAS VENTAS

El mundo es tu escenario y tú eres el artista.

Es temprano en la mañana y el aire fresco pasa refrescando mi garganta mientras me preparo para salir. Yo era un jovencito muy entusiasta. Mientras ato el nudo de mi corbata sobre mi camisa blanca, pienso en los cientos de clientes que me esperan ansiosos. Tenía algo que ellos necesitaban y a lo que no podrían decir que no.

Caminando hacia la puerta daría un vistazo hacia abajo solo para mirar el brillo de mis zapatos negros bien pulidos. No volveré a mirar hacia abajo nuevamente; y mi rostro siempre estará mirando hacia el frente de ahora en adelante.

Estoy saliendo de mi casa en medio de los cantos de las aves. Soy un ganador; y aunque apenas hoy es el primer día trabajando en mi negocio, me siento en la cima del mundo. Después de todo, esos entusiastas dueños de negocios necesitan una página web ¿Quién en su sano juicio se rehusaría a que yo le diseñara un sitio web para que tenga acceso al mundo entero?

Estoy en el lugar. He decidido empezar por un pequeño pueblo cuyas calles están llenas de vida. Hay muchas personas hermosas por la calle que es imposible no tener un rostro cálido y amigable por cada metro cuadrado.

La calle parece una alfombra roja tendida para dejar pasar a la estrella del show. Yo tengo la solución para los problemas de publicidad de todos esos dueños de negocios. Mi pecho siente golpecitos de adentro hacia afuera y empieza a ensancharse a medida que se calienta. Respiro con más fuerza mientras escojo a mi primer prospecto.

El sol deja caer sus rayos cálidos sobre mi rostro secándolo suavemente del sudor producido por ese maravilloso cálido día. El aire fresco de la mañana daba paso a un hermoso y arrullador sol como símbolo de optimismo. El viento cálido hacía su parte al soplar a un lado de mi rostro para refrescarlo un poco.

He localizado a mi primer prospecto; parece ser una tienda de ropa. Estoy caminando hacia la entrada y aparece el dueño dándome los buenos días. Es hora, devuelvo el saludo e inicio sin tardar mi pregunta: "¿Le interesaría tener su propio sitio web?".

Un rotundo aunque amable "no, gracias" fue una sorpresa para mí; pero ese tenía que ser la excepción; así que sigo mi camino con la frente firme. Otro local, misma respuesta: "no, gracias".

Otra excepción, por supuesto no me haría retroceder. Nuevamente escuché: "no, gracias". Ya eran unos cuantos; y el cuello me parecía tan débil que no podía soportar mi cabeza. Empecé a sentir un pequeño nudo en mi pecho. Me siento cansado.

Estoy caminando mirando la sucia calle llena de goma de mascar y mugre "¡Tienen que ser tan cortos de vista para no darse cuenta de que lo que ofrezco es lo que les conviene; están ciegos!¡Quiero irme a casa!¡No soporto tanta gente en la calle que me sofoca¡ ¿De dónde sale tanta gente? ¡Pero lo que más me molesta es ese sol inclemente que me reseca la cara"! El viento fastidioso me golpea de un lado de la cara mientras que ese ardiente y molesto sol del mediodía lanzas sus dardos ardientes que se incrustan en mi piel como agujas al rojo vivo. Realmente siento ganas de llorar; pero no lo voy a hacer; estoy más bien molesto.

Es en momentos como ese en los que te preguntas si en realidad esto es para ti; pero luego te levantas y buscas ayuda. Empiezas a refugiarte en el conocimiento, la experiencia y la perspectiva de los más exitosos en lo que deseas lograr; aquellos que ya han pasado por lo que tú y lo han superado. Aprendes técnicas de ventas y marketing; y empiezas a tener éxito.

Las técnicas que aprenderás hoy, son las mismas que he usado para llevar uno de mis negocios a niveles que jamás sospeché.

Por fin he aprendido a organizar la habitación de mi mente y mi corazón. He logrado organizar las cosas que allí encontré en tres pilas. La primera pila de cosas son aquellas que no sirven y que debo dejar afuera para que los encargados de la basura se la lleven. Hay otra pila que contiene las cosas que son valiosas para mí y que quiero conservar. La tercera pila está compuesta de las cosas hermosas y valiosas que me sirvieron y ayudaron; pero que puedo regalar a otros para que se beneficien de ellas. Para esas personas serán como cosas nuevas y excitantes. Estoy seguro de que harán un cambio en ellos para mejor como lo hicieron conmigo.

Yo podría enseñar técnicas para persuadir; en algún momento me convertí en una máquina para persuadir; pero me he dado cuenta de que no todo el mundo es vendedor profesional; ni tampoco les gusta tratar de convencer y perseguir personas. Es por ello que he organizado este sistema. Un método para vender sin tener que hacerlo.

En el siguiente capítulo te explicaré cómo funciona este sistema para que empieces a conseguir tus primeros clientes.

3 LA ESTRATEGIA

Leyendo *Ready, Fire, Aim* de Michael Masterson aprendí que en los negocios solo hay cuatro preguntas que tienes que responder. El sistema que he desarrollado se basa sobre esas cuatro preguntas.

1) **Qué producto les venderás primero**. Estudios demuestran que cuando les das muchas opciones a las personas para escoger, ellas terminan sin tomar una decisión. Hay que ser un experto ofreciendo solo una cosa a la vez.

2) **Cuánto cobrarás por él**. Debes ser inteligente al fijar el precio de lo que ofreces. Aquí aprenderás a determinar un precio Premium; nada de baratijas.

3) **Dónde encontrarás a tus clientes.** La <u>manera errónea</u> de iniciar en los negocios es creando un producto y luego buscar a quién vendérselo. <u>Lo que se debe hacer</u> es localizar a quienes ya desean la solución que tienes para ellos.

4) **Cómo los convencerás**. Nadie puede decir que tiene un negocio hasta que haya empezado a conseguir clientes.

Sobre la base de estas preguntas desarrollé *4 pasos para que se vendan ellos mismos*.

4 Convertirse En La Única Opción.

Cuando ofrecemos ayudar a las personas como expertos, esencialmente lo que deseamos es llevarlos desde el punto donde se encuentran hasta donde desean llegar de una manera que no pueda ser emulada por otros. Debes desarrollar una estructura y graficarla para que los prospectos sepan que hay un mapa sencillo de seguir; y así empiecen a creer en el sistema. Es precisamente lo que estoy haciendo con los 4 pasos. Ahora sabes dónde comenzar y hasta dónde llegar para conseguir un resultado. Sobre todo, de una manera única.

Relacionar Valor con Precio.

En esta dimensión aprenderás que un precio alto puede estimular que las ventas se disparen. Aprenderás a posicionarte como el Ferrari en tu nicho. Lo más exclusivo en tu mercado. Y no solo eso, tus prospectos ideales entenderán que eso es una de las cosas que te hacen más irresistible y que lo vales, además de estar dispuestos a pagar el precio gustosamente; e incluso te pedirán que por favor les permitas tener acceso a tu experiencia.

Atraer al Cliente Ideal.

Esta parte se trata de localizar y atraer de manera irresistible a las personas que tengan los 5 atributos del prospecto ideal. Es un proceso de selección en el cual te aseguras de que ninguna persona que no posea estos atributos te busque para pedir tu ayuda. De esta manera, repelerás a quienes seguramente no pagarán lo que vales; y atraerás solo a quienes estarían dispuestos a adquirir lo que ofreces.

Hacer que se Venda Solo.

Muchas personas tienen miedo de vender por una razón: tienen miedo de recibir una respuesta negativa. No se les puede culpar, yo he estado allí. Vender de la manera tradicional es un fastidio. Tienes que estar tratando de convencer a la gente en todo tiempo utilizando técnicas y artilugios ¿Qué tal si te muestro un método en el que sean ellos quienes se vendan a sí mismos? ¿Serán capaces de decirse que no? Esta parte se basa sobre un modelo de conversación en el que el prospecto termina convirtiéndose en tu cliente sin que tú se lo pidas.

Los mitos se convierten en obstáculos.

¿Si este modelo de negocios para vender información es tan maravilloso, por qué algunos siguen dándose golpes con el método tradicional? La razón es que las falsas tradiciones o mitos que algunas de las personas perciben como leyes les hacen pensar que no hay nada mejor.

Mito # 1.

Se necesitan credenciales o un certificado para ser coach sobre un tema.

Realidad.

Esperar a que te den un certificado es lo mismo que pedir permiso para ser experto. Si puedes responder afirmativamente a la siguiente pregunta, entonces estás calificado(a) para ser consultor(a) o coach:

¿Puedes ayudar a alguien a conseguir resultados más rápido, de manera más eficiente, o más fácil de lo que ellos podrían hacerlo sin ti?

Si la respuesta es sí, entonces ya tienes tus credenciales. De todas formas te invito a dar un paseo por una lista de nombres de personas, como diría la sociedad, poco preparadas; y por supuesto sin futuro.

1) Dejó la Universidad de Texas y formó una compañía: su nombre es Michael Dell (Dell), dueño de unos $14 billones. Me encanta esto que dijo: "Cuando empieces tu viaje, la primera cosa que deberías hacer es tirar ese mapa que venden en la tienda y empezar a dibujar el tuyo".

2) Christy Walton (Wal-Mart) no posee educación universitaria. Posee unos $24 billones.
3) Dejó la Universidad de Chicago: su nombre es Larry Ellison (Oracle). Unos $28 billones.
4) Dejó la Universidad de Harvard: un tal Bill Gates (Microsoft), $54 billones.

Podemos continuar, es muy divertido.

5) Dejó Reed College y su nombre: Steve Jobs (Apple).
6) Nada de universidad: Walt Disney.
7) Dejó la universidad: Mark Zuckerberg (Facebook).
8) Pablo Picasso dejó la Academia Real de Bellas Artes.

Seguimos.

9) Coco Chanel dejó sus estudios.

¿Quién más?

10) Thomas Edison hizo lo mismo.
11) James Cameron.

Así que no esperes a que alguien te dé permiso para tener éxito.

Mito # 2.

No creo que haya un mercado para mí. En Google no aparece mi campo de experticia como algo muy buscado.

¿¿¿EEEEH???

Me quedo pasmado de la impresión. Sí, es impresionante cómo se ha engañado a tanta gente diciéndoles que si en Google no aparecen muchas búsquedas para su nicho, entonces no puede hacer dinero. ¡ES UNA MENTIRA DEL TAMAÑO DEL MARACANÁ!

Recordemos primero que el internet es una herramienta de mercadeo y no es el mercado. Las búsquedas de Google no marcan la pauta sobre si un producto se venderá o no. Lo único que indican es si las personas buscan esa información.

¿Acaso crees que todos estábamos buscando en Google: "dónde comprar un iPhone" antes de que éste existiera? ¿Buscábamos en Google: "dónde hallar un reproductor de Blue Ray" antes de que este existiera?

Esos que repiten tanto la falacia de las búsquedas deben entender que adoramos comprar cosas que, antes de que existieran, ni siquiera sabíamos que las queríamos.

¿Acaso estuvimos pensando "ojalá tuviera un iPad" antes de que éste saliera? Nosotros no sabemos lo que queremos. Y a veces no entendemos la diferencia entre querer y necesitar.

No hagas caso de las búsquedas de Google ¿Sabes por qué? Porque solo necesitarás 10 o 15 clientes que se mantengan contigo por varios meses. Y si tú tienes una pasión por algo que conoces y en lo cual tienes experiencia, y que además fue o es de mucho beneficio para ti ¿No crees que haya 10 o 15 más como tú?

Una palabra: neumáticos gigantes. Sí, hay un sujeto que entrevistó a todos los que pudo sobre neumáticos gigantes y se hizo experto, más bien el experto número uno en seguridad para la instalación de neumáticos gigantes. $3 millones al año como consultor.

Mito # 3.

No creo que pueda hacerlo.

Traducción: no quiero hacerlo, no me quiero comprometer conmigo mismo(a).

Algunos dirán "ver para creer"; pero yo te extenderé un reto.

Quiero que en donde te encuentres des un vistazo alrededor e identifiques 3 objetos.

Ahora puedo decirte con toda la confianza que esos 3 objetos sean cuales sean *fueron concebidos mentalmente antes de ser construidos*. Entiende que ver para creer es una mentira. El teléfono que usas fue concebido en la imaginación antes de ser creado. Alguien primero creyó, y luego vio.

Nadie siembra una semilla si primero no cree que habrá una planta en su lugar. Los avances tecnológicos de los que disfrutamos existen gracias a que alguien creyó primero para luego ver sus frutos.

Si tú quieres algo, debes creer primero que lo puedes conseguir; luego trabaja para que así sea, y por último verás los frutos. No hay manera de saltar ese orden.

Entonces, si estás esperando que alguien te dé permiso para tener éxito, está bien, yo te lo doy. Si te preguntan quién te dio permiso para querer soñar con una vida mejor, les dices que un sujeto que escribió un libro te dio permiso.

Si lo que necesitas es que alguien crea en ti, entonces yo creo en ti. Porque diste un paso confiando en mí al comprar este libro. Ahora yo deseo devolverte la confianza; yo creo en ti, y me importas. Deja que los fracasados sigan diciendo que no puedes; ellos se miran en su propio espejo.

4 CONVERTIRTE EN LA ÚNICA OPCIÓN

Es necesario que trabajemos en lo que te hace diferente, convenientemente diferente; y lo que te hará diferente al resto será la manera en que está estructurada tu solución para los problemas de tus prospectos.

Cuando digo convenientemente, me estoy refiriendo a que debe ser conveniente para ellos el que tú seas diferente. Piensa en algo que deseas alcanzar profesionalmente ahora.

Completa esta frase: si tan solo pudiera…

Tus prospectos ideales se están haciendo la misma pregunta.

"Si tan solo pudiera correr tres veces más rápido…".
"Si tan solo pudiera bajar de peso en…días…".

Quiero que te pongas en los zapatos de tu prospecto y te preguntes lo mismo que él o ella se pregunta.

Si tan solo pudiera:

_____

_____

_____

Ahora analiza lo que has escrito y escribe entonces cuál es el mayor deseo de ese prospecto.

Ej.

Si tan solo pudiera correr tres veces más rápido, obtendría más oportunidades de gol.

Su deseo mayor es entonces superar a los defensores para colocarse de cara a la portería sin nadie que lo obstaculice.

El mayor deseo de tu prospecto ideal es:

_____

_____

_____

El paso siguiente es describir los obstáculos que lo separan de alcanzar lo que desea, y colocar la solución a cada obstáculo al lado. Debes empezar por el primer obstáculo, luego continuar con el siguiente que se le presentaría al superar el primero.

Ej. **Patrocinio Irresistible**.

Obstáculo	Solución
No sé quién podría aceptar patrocinarme	Cómo encontrar al patrocinador ideal
No sé cómo convencerlos para que acepten patrocinarme	Cómo preparar una propuesta irresistible
No sé qué o cuánto pedir	Cómo fijar el valor de la propuesta
No sé cómo aproximarme a ellos	Cómo contactar y negociar

Es tu turno. Tienes que hacer lo mismo que te he mostrado con tu propio negocio. Puedes usar la cantidad de soluciones que desees; pero no exageres. Te aconsejo que no pases de 10.

Elaboración de la estructura.

Ya sabemos cuáles son los problemas de tus prospectos y sus soluciones. Ahora debes aprender a comunicar esas soluciones de manera estructurada y sencilla para que ellos puedan saber con claridad de qué se trata lo que tú ofreces.

Imagina que alguien me preguntara qué es lo que hago; entonces imagina esta respuesta: "Me dedico a enseñar a las propiedades a conseguir sponsors que deseen obtener los proyectos de activación que éstas hayan planificado.

¿Crees que eso suena interesante? Más bien es confuso.

Los nombres de los métodos que uso son para el consumo interno de alguien que ya es cliente mío. Cuando se trata de explicar lo que hacemos, tenemos que hacerlo de manera que se entienda sin necesidad de explicar más a fondo.

Lo primero que necesitas hacer es determinar cuántos pasos se necesitan para llevar a tu prospecto desde su estado actual hasta donde quiere estar ¿Cómo se hace? Lo acabamos de hacer en el ejercicio anterior.

Ahora necesitamos una manera de comunicar esa estructura de manera que no requiera explicación.

Ej. **Patrocinio Irresistible**.

Para atraer patrocinadores:
- Determinar cuáles son las empresas que estarían dispuestas a patrocinarte.
- Crear una propuesta que sea tan irresistible que la mayoría diga que están interesadas.
- Determinar qué es lo que vas a pedir como patrocinio.
- Planificar cómo, cuándo y a quién contactar dentro de cada empresa para asegurarte el éxito.
    ¿Acaso esto requiere explicación? Esto de crear una estructura simple y sencilla de comprender logra lo siguiente:
- Ellos pueden ver el principio y el final, lo que les hace sentir que la solución no tardará una eternidad.
- Ellos pueden ver que la solución es algo que es sencillo de seguir. Dicen ¿Eso es todo? Yo puedo hacerlo.
- Pueden ver en cada paso cómo eres diferente al resto.

No continúes hasta haber creado tu propia estructura. En el próximo capítulo estableceremos el precio de esa estructura.

5 RELACIONAR VALOR CON PRECIO

Empecemos por aclarar algunos puntos. En este capítulo nos concentraremos en encontrar el modo de crear algo fascinante que sea digno de un precio Premium, y el precio máximo que puedan pagar tus prospectos ideales. No debes tener temor al precio máximo porque ya hemos establecido un método para hablar solamente con aquellos que puedan pagarlo.

Tal vez pienses que tú no puedes cobrar $2.000 o $700 al mes porque no eres una persona altamente posicionada en el mercado; pues permíteme decirte un secretito: *la inmensa mayoría, tal vez tú no lo hagas, pero la inmensa mayoría asocia lo más caro como lo mejor.*

Los productos exclusivos, lujosos y místicos tienen una gran demanda entre quienes pueden costearlos. Tal vez pienses que esos productos primero se hacen lujosos, y luego se hacen caros; pues lujoso no está antes de caro; lo que los hace lujosos o místicos es el precio.

Cuando empieces a cobrar el máximo por tus consultas, te percibirán como algo de alto nivel. Además obtendrás más visibilidad. Recuerda una cosa: debes justificar ese precio con los súper poderes que identificaste en el capítulo anterior. Nada de inventarse un precio alto por un servicio mediocre.

Si tu servicio es Premium, éste puede tener un precio Premium.

Fascinación.

La falacia de las emociones en las ventas.

Tal vez has escuchado que las personas compran impulsadas por emociones; pues esto en realidad no es así. Una persona podría comprar un producto luego de que el vendedor le inyecte una dosis de miedo; pero otro cliente asustado podría reaccionar de manera diferente. Mismo vendedor, mismo mensaje, misma emoción, mismo producto, diferente reacción.

Lo que sucede es que uno sintió el deseo de comprar, y el otro el deseo de alejarse. Imagina que dos personas son atacadas, ambas tienen miedo, pero una se defiende y la otra se entrega. Eso nos dice que aunque ambas tengan la misma emoción, no significa que se producirá la misma respuesta; una tenía el deseo de defenderse, y la otra de dejar de vivir. Olvida esa falacia de las emociones.

Lo que impulsa a las personas a comprar.

Lo que hace que una persona compre algo son los deseos; y luego de que el deseo es intensificado, las emociones se vuelven fuertes. Puedes usar varias emociones en tus promociones, siempre y cuando estas emociones sean producidas por el deseo de conseguir tus servicios. Hablemos de cuatro deseos fundamentales:

- Aprender.
- Adquirir.

- Relacionarse.
- Defenderse.

Cuando somos bebés, estos deseos son muy fáciles de detectar.

Aprender:

El deseo de aprender nos impulsa a querer agarrarlo todo. Subirnos a lo que sea, poner la lengua en tomas eléctricas, beber agua hirviendo, etc. Si hemos sobrevivido a esa etapa es porque alguien nos cuidó de los peligros que nos asechaban.

Adquirir:

El bebé siempre quiere tener cosas; por eso extiende sus manos para que le den lo que le llame la atención.

Relacionarse:

El bebé necesita sentirse seguro y no soportará mucho tiempo la soledad.

Defender:

Aunque un bebé no esté jugando con su sonaja, si se la sacas de la cuna, te exigirá que la devuelvas.

Lo maravilloso es que estos deseos no desaparecen con la edad. Siempre querremos aprender algo, adquirir algo, relacionarnos con alguien y defendernos de algo. Si quieres despertar la fascinación en tus prospectos ideales, te recomiendo con fuerza que enfoques tu experticia en estos cuatro deseos. La clave detrás de los negocios más exitosos está en explotar estos deseos.

Deseamos aprender: algo fascinante.
Deseamos adquirir: lo que nos produzca placer.
Deseamos relacionarnos: con familia, amigos, sexo opuesto, etc.
Deseamos defendernos: de cosas incómodas o dolorosas.

Un secreto que vale oro.

El deseo de defenderse es el que más ventas genera. El deseo de defendernos nos impulsa a hacer cosas que jamás nos creíamos capaces de hacer. Una vez oí de una mujer que tomo una víbora de cascabel que estaba en la cuna de su bebé.

El dolor motiva más a realizar una acción que el placer. Compramos más rápido si creemos que vamos a perder algo. Muchos se enfocan en ofrecer sus productos hablando de lo que el prospecto va a obtener; pues estos deberían incluir también lo que el prospecto va a perder si no adquiere el producto.

Supongamos que no te guste el pescado y que te ofrecen comer uno. El deseo de adquirir no es muy fuerte porque no te gusta; pero ¿qué tal si estás en un campamento en pleno bosque y esa es la única comida que tendrás en todo el día? Entonces el deseo de adquirir es movido por un motor más fuerte, el deseo de defenderse del hambre.

Cómo intensificar el deseo de adquirir nuestro producto.

Si quieres que tus prospectos acepten tu precio Premium, el deseo de adquirir debe ser intensificado mediante el uso de otros deseos; pero principalmente el de defenderse. En el caso de un consultor o coach todo empieza por el deseo de aprender.

Ej.

Aprender a relacionarse con xyz para defenderse de...

Aprende a cortejar a las chicas y evita morir solo.

Aprender a defenderse.

Aprende cómo deshacerte de las deudas.

¿De qué desea defenderse tu prospecto ideal?
Ej. La pobreza.

_____
_____
_____

¿Para lograrlo debe aprender a relacionarse con alguien o con algunos?
Ej. Cautivar a la audiencia para lograr que compren tus productos.

Puedes responder que no.

_____

_____

_____

¿Para lograrlo debe adquirir algo aparte de tus servicios?
Ej. Aprender a conseguir un crédito rápido para empezar un
negocio y salir de la pobreza.

_____

_____

_____

Justificación del precio Premium.

Confianza en los resultados.

Debes identificar dentro de tus prospectos ideales a
quienes puedes ayudar a conseguir resultados más rápido. Si
yo fuera entrenador personal para bajar de peso, incluiría en
mi cuestionario algo que me indique si bebe, si está
motivado(a), sus hábitos e impulsos alimenticios, etc.
Tardaría mucho tiempo en conseguir resultados con un
bebedor de cerveza adicto a los pasteles, así que lo descarto.
¿No debería ayudarlo? Sí puedo, pero *para cobrar lo que deseo,
necesito tener confianza en que voy a conseguir el resultado de manera
rápida*, prefiero atraer a quienes puedan obtener resultados
rápidamente y testificar que mi programa funciona.

Esta debe ser una persona a quien yo pueda decirle que
me pague cuando empiece a ver los resultados.

¿A qué personas puedes ayudar a conseguir resultados más rápido?

Ej.

A quienes están ejercitándose en un gimnasio y toman en serio su alimentación, <u>atletas</u> con sobrepeso, las que acaban de dar a luz y están haciendo ejercicios además de alimentarse bien. Créeme, estas personas opondrán menos resistencia al precio.

Ahora tú. Si fueras a recibir el dinero después de que consigas los resultados, trabajarías solamente con esta persona:

_____

_____

_____

_____

_____

_____

_____

_____

Lo anterior debes colocarlo en los requisitos que figuran en la oferta irresistible del próximo capítulo.

El valor de tus resultados.

No pienses en cuánto cobran otros consultores en tu campo; más bien piensa en el valor de tus resultados, qué se gana contigo y *qué se pierde sin ti*. Seguramente ya has identificado varias cosas buenas que puedes hacer por tus clientes. Ahora quiero que pienses en el prospecto que acabas de describir en este capítulo. Dime cuál es la actividad de las que tú llevas a cabo que le conseguirá el resultado más rápido y maravilloso.

Si solo se te permitiera hacer una sola cosa con este prospecto y necesitaras maravillarlo y cambiar su vida o su negocio ¿Cuál sería esa cosa?

Ej.

Dentro de mi programa de ejercicios lo mejor que hago es reducir 200 libras en 3 días, exagerado, pero todo es un ejemplo.

Recuerda que esta persona debe encajar en el criterio que acabo de describir más arriba en el ejercicio anterior; por lo tanto debería ser algo así:

Dentro de mi programa de ejercicios lo mejor que hago es reducir 200 libras en 3 días, siempre y cuando sea un atleta que tenga un poco de sobrepeso. Ya lo sé, 300 libras, solo un poco de sobrepeso, es ridículo y no tiene sentido, pero tú captas la idea. *Estoy uniendo lo mejor que hago con el prospecto que más rápido puede conseguir resultados con eso que hago mejor.*

Ahora tú. Si te fueran a pagar después de conseguir resultados y tuvieras que hacer solo una cosa, el súper poder que usarías sería este:

_____

_____

_____

_____

Suponiendo que mi mejor súper poder es duplicar los ingresos de un negocio en dos meses, y el prospecto a quien puedo ayudar más rápido tiene un negocio que genera $100.000 al mes, ¿no crees que estaría justificado que cobrara $5.000 al mes por mis servicios? Ahora imagina que ofrezco primero los resultados y que me pague una vez que los consiga. ¿No estaría más motivado a pagarme ese precio? Y yo no tendría miedo porque sé que es un negocio que ya está en onda y puedo conseguir resultados rápidamente.

Una vez a un médico le pedí 20 veces el sueldo mínimo y aceptó porque yo le propuse generar 60 veces el sueldo mínimo.

Tu tiempo tiene valor.

No querrás terminar en una esclavitud, y además ganar una miseria. Así que antes de llegar al precio debes contestar algunas preguntas.

¿Cuál es la frecuencia con la que hablarás con tus clientes para darles instrucciones?

Ej.

Una vez por día.
Una vez por semana (recomendado).
Una vez por mes (recomendado también).
Dos veces por mes.

Todo depende del tipo de consejo que les des.

¿Por cuánto tiempo?

Ej.

Media hora, una hora, hora y media, dos horas.

_____

Días de la semana en los que trabajarás.

Ej.

Lunes a miércoles.
Lunes, miércoles y viernes.

Es tu tiempo y tú decides ¿no es genial?

_____

Horario.

Ej.

8:00 am a 12:00 m.

Eres libre, dilo ¡soy libre y decido mi horario!

_____

Las horas que puedo trabajar.

Días a la semana multiplicado por horas por día = horas que puedo trabajar a la semana.

Si trabajo 5 días a la semana y trabajo 2 hora diarias:

5 X 2 = 10 horas a la semana para mi negocio como consultor.

Añadiendo los minutos de descanso.

¿Cuántas horas dije que dedicaría a cada cliente? Digamos una hora (60 minutos). Dejando 15 minutos entre cliente y cliente para descansar y ordenar mis ideas, debo hacer esto:

1 hora (60 minutos) + 15 minutos de descanso = 75 minutos por sesión.

Convirtiendo las horas de la semana en minutos.

Convierto las 10 horas que trabajo a la semana en minutos:

10 X 60 minutos = 600 minutos.

Dividir minutos a la semana entre tiempo dedicado entre clientes.

600 dividido entre 75 = **8**

Solo puedo trabajar con 8 clientes a la semana ¿Son pocos? Bueno, supongamos que hablo con ellos cada dos semanas. Eso quiere decir que puedo tener 8 una semana, y 8 clientes diferentes la siguiente. Esto se convierte en **16** por mes.

Mi precio.

Si mi meta es ganar $10.000 por mes, entonces divido 10.000 entre 16 y obtengo el precio que debería cobrar por cliente.

$$10.000/16 = \textbf{\$625/cliente}$$

Finalmente debo responder a la pregunta siguiente:

¿Es este precio de igual o mayor valor que el resultado que ofrezco?

Si mis clientes en un gimnasio bajan xx libras en 3 meses, y pagan $300 por mes en ese gimnasio, quiere decir que obtener el resultado les cuesta $900. Si yo puedo hacer lo mismo en un mes, estaría dándoles resultados por menos dinero, en menos tiempo.

Si mis clientes pueden ganar $30.000 extra al mes en sus negocios con mis consejos, yo podría exigir $5.000 o $10.000. Y alguien sería muy corto de vista para rechazar eso, mucho más si ofreciera resultados por adelantado ¿Quién se resiste?

Piensa: resultados más rápidos, más fáciles, más eficientes o mayores de lo que ellos mismos podrían conseguir. Enfócalo en lo que ellos van a perder si no toman tu programa.

Si puedo hacer que bajes de peso en un mes por $625, y obtienes el mismo resultado en un gimnasio en tres meses por $300/mes, entonces de no estar en mi programa perderías $275 y dos meses de esfuerzo.

Ahora tú:

Tu meta mensual en dólares o la moneda de tu país:

_____

No. De días a la semana _____ X minutos por cliente_____=_____Min/semana.

Minutos por cliente _____ + minutos de descanso entre clientes _____ = _____ minutos por sesión.

Min/semana_____ ÷ _____ minutos por sesión = _____ **clientes**.

Meta mensual _____ ÷ _____clientes = _____ **tu precio**.

¿Qué sucede si el precio que obtuviste no iguala el resultado que ofreces? Por ejemplo, si eres entrenador de perros y el precio resultante te dio $10.000. Será muy difícil encontrar personas que deseen pagar ese precio por aprender a entrenar a su perro cada mes. En casos como éste te sugiero incluir en tu cuestionario preguntas que te informen sobre productos y servicios que ellos ya estén usando que:

- Tengan una forma diferente a tu servicio; pero que cumplan la misma función.
- Tengan forma y función diferentes a tu servicio; pero que busquen el mismo objetivo.

Diferente forma, misma función.

A	B	Función
Carreta	Automóvil	Transporte
Lámpara de aceite	Bombilla	Iluminación
Gimnasio	Rutinas caseras de ejercicio	Reducción de peso
Playa	Piscina	Lugar para nadar
Open English	Instituto de inglés	Aprender inglés

¿Cuáles son los productos o servicios que tus prospectos ideales usan con la misma función que tú ofreces, y cuánto pagan por ellos como máximo?

Diferente forma, diferente función, mismo objetivo.

A	B	Objetivo
Parque temático	Sala de cine	Entretener
Crucero romántico	Cena romántica	Fortalecer lazos de pareja
Salto en paracaídas	Navegar rápidos	Subir adrenalina

¿Cuáles son los productos o servicios que tus prospectos usan que tienen forma y función diferentes a lo que ofreces, y cuánto pagan por ellos.

6 ATRAER AL CLIENTE IDEAL

5 descalificadores.

¿No sería genial atraer solo personas que tengan una necesidad urgente de tu ayuda, y que además tengan el dinero más que suficiente para pagar lo que vales?

Ahora mismo vamos a diseñar ese prospecto ideal usando el criterio de selección de John Paul Mendocha: los cinco elementos de una oportunidad real que son:

1) Dinero.
2) Necesidad de lo que ofreces.
3) Urgencia.
4) Decisión.
5) Encajar en el gran plan.

Estos cinco elementos son los atributos que tiene que tener un prospecto para que tú puedas decir si es una verdadera oportunidad de conseguir un cliente; o si estás por perder el tiempo. Identifiquemos entonces los factores que hacen que las personas se resistan, y luego los elementos que eliminan ese factor de resistencia.

Los cinco factores de resistencia son:

1) Es muy caro para mí.
2) No necesito eso.
3) No lo necesito con urgencia.
4) Tengo que consultar.
5) Afectaré negativamente a…

Primer factor de resistencia.

Supón que eres experto(a) en el entrenamiento de perros, y alguien te llama para que le expliques sobre tu programa de consultas; seguramente pensarás que es una verdadera oportunidad para conseguir un cliente. Al terminar tu explicación, esa persona te dice que es muy interesante, pero que por ahora no se puede dar el lujo de afrontar un gasto tan grande, te da las gracias por tu tiempo, el que perdiste, y todo termina allí.

Esto sucede porque la persona tiene un factor de resistencia: **el precio**. Suponiendo, y solo suponiendo, que tu tarifa es de $500/mes, quiero que me digas cuál persona pondría menos resistencia a tu tarifa.

A) Sr. J que gana $2.000/mes.
B) Sra. T que gana $10.000 +/mes.

Para la persona del caso "A" tu tarifa representa un 25% de sus ingresos mensuales; mientras que para la persona del caso "B" tu tarifa representa mínimo un 5% de sus ingresos mensuales.

Así que solo debes asegúrate de atraer a personas para las cuales tu tarifa no sea un problema.

Primer factor de resistencia: es muy caro para mí.

Primer elemento para la cura: tiene el dinero de sobra.

¿Cómo atraer a esas personas que tienen el dinero para pagar tu tarifa Premium? Es más fácil de lo que crees; de hecho es más fácil que vender a personas con menos dinero.

Esas personas viven gritando que tienen el dinero; tú solo debes prestarles atención.

Ellos te dicen que están bien con tus tarifas mostrándote lo que tienen, dónde trabajan, dónde compran, dónde estudian ellos o sus hijos y dónde viven.

¿Quiénes son las personas que aman a sus perros y que no se resistirían a pagar \$500/mes para que personalmente los ayude a educar a sus amadas mascotas?

- Tienen autos, botes, u otro medio de transporte muy caros.
- Tienen negocios prósperos o son profesionales de alto nivel de ingresos.
- Compran en tiendas muy costosas o restaurantes costosos solo por prestigio.
- Sus hijos asisten a una escuela de élite.
- Viven en comunidades cerradas de clase media alta o clase alta.

Ejercicio 1

Describe financieramente a tu público objetivo.

Este será el grupo 1

Mi cliente ideal...

Posee:

_____

_____

_____

Sus ingresos provienen de:

_____

_____

_____

Invierte buen dinero en:

_____

_____

_____

¿Qué clase de formación académica pagan?

_____

_____

_____

Viven en (localidades donde viven estas personas):

_____

_____

_____

La pregunta es **¿Cómo los atraes? En un ratito te lo digo**.

Por ahora quiero que entiendas que aunque las noticias digan que la economía está mal, eso solo afecta a una porción de la población; la otra parte está bien, y es esa otra parte en la que te debes enfocar.

Segundo factor de resistencia.

Ahora que has entendido cuál es el primer factor de resistencia, atraes a una persona cuyos ingresos mensuales pasan los $10.000. Tu tarifa es de tan solo $500/mes, tan solo 5% de sus ingresos ¡un cliente seguro!

Y luego escuchas lo siguiente: "muy bueno, pero no estoy interesado".

¿Qué sucede? Es muy obvio, no le interesa. El hecho de tener dinero no significa que quiera comprar algo en específico.

Segundo factor de resistencia: no necesito eso.

Segundo elemento para la cura: la falta de mi ayuda le causa dolor mental, emocional o físico. <u>Y lo más importante es que lo reconoce y quiere resolverlo.</u>

Esa última parte está subrayada porque una persona puede tener una necesidad, pero si no lo reconoce, no hará nada al respecto.

Por otro lado, si esa persona lo reconoce, aún es posible que no haga nada porque:

1) **Lo acepta:** sí, tengo sobrepeso; pero así me quieren.
2) **Lo ignora:** sí, tengo sobrepeso; pero tengo problemas más grandes en qué ocuparme ahora.
3) **Lo pospone:** sí, tengo sobrepeso; pero haré algo luego de la época de navidad para no perderme del festín.
4) **Lo racionaliza:** sí, tengo sobrepeso; pero no se puede hacer nada porque todos en mi familia somos así.

Atrae personas que aparte de tener dinero, sepan que tienen necesidad de tu ayuda y que tengan el deseo de recibirla.

Ejercicio 2.

¿Quiénes del grupo 1 están hambrientos por tu ayuda?

Este será el grupo 2

Las personas con dinero que están hambrientas por mi ayuda son gente que…

Sueña con:

_____

_____

_____

Tiene miedo de:

_____

_____

_____

Necesita:

_____

_____

_____

Sigue (una persona, producto, tendencia):

_____

_____

_____

Paga buen dinero por:

_____

_____

_____

Detesta:

_____

_____

_____

¿Por qué funciona?

La necesidad tiene tanto poder, que incluso aquellos que no tienen dinero son impulsados a pedir prestado para adquirir el producto o servicio.

Estas son personas con el dinero y la necesidad de tu ayuda; el grupo 2 ¿Cómo los atraes? Espera un poquito más. Mientras tanto, tienes que hacer tu tarea.

Tercer factor de resistencia.

Ahora decides recibir a una persona que tiene el dinero y que necesita tu ayuda. Además, esa persona sabe que necesita tu ayuda. Cuando termina la conversación te dice: "me encanta, y además necesito ayuda con mi perro. El precio me parece excelente. Esto que me ofreces es lo que necesito". ¡Bum! Esta si es una venta segura.

Pero la persona continúa: "cuando termine un curso que estoy tomando, nos pondremos en contacto ¿podrías darme tu número por favor?" ¡Aaahhh!

¿Te parece familiar? Otra venta que se escapa por otro factor que no has tomado en cuenta.

Tercer factor de resistencia: lo necesito y tengo el dinero; pero puedo esperar.

Tercer elemento para la cura: la urgencia (genuina, no inventada).

Ejercicio 3.

¿Quiénes del grupo 2 (con dinero y necesitados) están urgidos por mi ayuda?

Este será el grupo 3

Las personas del segundo grupo que necesitan resolver sus problemas ahora mismo son aquellos que:

Tienen que resolver su situación **ahora** o sucederá algo indeseado…

Socialmente:

_____
_____
_____

En su familia:

_____
_____
_____

En su trabajo o negocio:

_____
_____
_____

Perderá algo muy deseado…

Socialmente:

_____
_____
_____

En su familia:

_____
_____
_____

En su trabajo o negocio:

_____

_____

_____

Procura siempre atraer personas que tengan una verdadera urgencia de tu ayuda.

¿Por qué funciona?

La urgencia puede llevar a una persona sin dinero a pedir prestado <u>aun cuando tampoco tenga una necesidad verdadera.</u>

Cuarto factor de resistencia.

Como consultor de marketing sostienes una reunión con un representante de una empresa local. Previo al encuentro te dijo este representante que tenían un presupuesto para pagar un asesor, que necesitaban ayuda, y que además la necesitaban "para ayer". Dinero, necesidad, urgencia, es una venta segura ¿no crees?

Luego de una emocionante y confiada conversación escuchas: "creo que usted es **lo que necesitamos, tenemos un presupuesto** para pagar lo que pide, y necesitamos que nos ayude **ahora**". Y antes de que tiembles de la emoción continúa: "debería hablar con Ana Domínguez nuestra jefa de xyz. Ella se encarga de contratar a expertos en este campo".

¡AAAAAAAAHHHHHHH! ¡CUÁNTO TIEMPO MÁS!

Estamos ante un típico, déjeme consultarlo, debo preguntar primero, etc.

Cuarto factor de resistencia: no depende de mí.

Cuarto elemento para la cura: hablar con quien toma las decisiones.

Ejercicio 4.

¿Qué te asegura que esa persona además de tener dinero y necesitar tu ayuda con urgencia, es quien decide si hace negocios o no?

Este será el grupo 4

Sé que las personas del grupo 3 son quienes toman la decisión final porque:

_____

_____

_____

Quinto factor de resistencia.

Pues ahora estás frente a la jefa de xyz que tiene un presupuesto asignado, tiene la necesidad de tu ayuda, y la necesita ahora. Ella dice: "por supuesto que lo necesitamos con urgencia. De hecho tenemos un presupuesto y yo tengo la potestad de contratar sus servicios ahora mismo". Música para tus oídos ¿no? Por fin has logrado conseguir tu primer buen cliente; pero ella continúa: "el asunto es que la empresa se va a mudar a otro estado en 5 meses y no quiero debatir con ellos mi decisión de contratar un asesor solo por un par de meses. Prefiero evitar discutir con ellos a pesar de que quiero y puedo contratar sus servicios".

¿ME ESTÁS TOMANDO EL PELO? ¡TIENE QUE SER UNA BROMA!

Aunque una persona del grupo 4 sea quien decida sobre el negocio, tal vez haya factores externos que hagan que reconsidere su decisión. Un padre de familia podría decir que es quien decide qué corbata comprar; pero si a su esposa le parece horrible, él podría reconsiderar su decisión.

Dicho de otra forma, el buen uso de nuestro albedrío incluye el considerar las consecuencias de nuestras decisiones. Debes asegurarte de atraer personas del grupo 4 que tengan el poder económico, la necesidad urgente y que lo reconozcan, que tengan el poder de decidir, pero que además no haya consecuencias adversas si decide a tu favor.

Así que los primeros cuatro elementos tienen que ver con atributos internos, y el quinto con amenazas externas.

Quinto factor de resistencia: mejor no lo hago para evitar conflictos con (factor externo).

Quinto elemento para la cura: que nuestra propuesta esté en línea con sus planes.

Si tu plan no se adapta al plan de mudanza, no te molestes en hablar con esa empresa.

Retomando.

Si falta alguno de estos factores, podría no ser una oportunidad real de lograr un cierre:

- Dinero.
- Necesidad de lo que ofreces.
- Urgencia.
- Decisión.
- Encajar en el gran plan.

Atrayendo al cliente ideal.

Si has hecho los ejercicios anteriores, ya debes tener bien claro quién es tu prospecto ideal. Si no los has terminado, debería darte vergüenza☺. Como diría Jay Abraham, yo no estoy para entretenerte intelectualmente. Quiero que obtengas resultados ¡Así que ponte a trabajar! Lo digo con cariño☺.

Lo que has hecho con esos ejercicios es crear un criterio de selección de prospectos, y de esta manera tendrás la seguridad de hablar con personas que representan una oportunidad real de conseguir un cliente.

Una vez que tenemos diseñado ese prospecto ideal, el siguiente paso es responder la pregunta siguiente:

¿Cómo **atraigo** a quienes representen una oportunidad real de cierre?

Cómo lograr que un perfecto extraño te necesite, crea y confíe en ti.

En el capítulo 1 te hablé sobre el modelo de Agora, el cual trata de lograr que los extraños crean y confíen en ti mediante una serie de mensajes destinados a establecer una relación de confianza.

Ese modelo toma mucho tiempo. Existe una manera en que automáticamente una persona crea y confíe en ti; y no solo eso, sino que demuestre que está dispuesta a seguir tus instrucciones, como comprar algo, por ejemplo.

Siempre tendemos a obedecer al consultor.

¿Alguna vez has solicitado una consulta médica? Como todo el mundo, claro. Responde:

- ¿Confiabas en el médico?
- ¿Creías en el médico?
- ¿Sentías la necesidad de obtener información?
- ¿Sentías que tenía que ser en ese momento?
- ¿Tenías la resolución de seguir sus instrucciones?
- ¿Tenías la resolución de **comprar lo que te dijera que compraras**?
- ¿Harías lo posible por comprarlo aunque no tuvieras el dinero en ese momento?
- ¿Sentías que no debías retrasar hacer lo que te pidiese que hicieras?
- **¿Aunque el médico fuera un perfecto extraño?**

¿Deseas que las personas sientan lo mismo contigo? ¿Qué es lo que debe pasar para que las personas que describiste vengan a ti con esta actitud?

QUE TE PIDAN AYUDA

Imagina que has caído en un pozo y observas que pasa <u>un extraño</u> y le pides ayuda. Ahora te diré algo:

- Tú no pides ayuda a menos que pienses que **necesites** lo que esa persona puede ofrecerte (sacarte).
- Tú no pides ayuda a menos que desees una solución **en ese momento.**
- Tú no pides ayuda a menos que **creas** que esa persona pueda ayudarte.
- Tú no pides ayuda a menos que **confíes** en la disposición de esa persona de ayudarte.
- Tú no pides ayuda si no estás dispuesto(a) a **seguir las instrucciones** de esa persona (sujeta mi mano, salta, apoya tus pies, conviértete en mi cliente, etc.).
- El hecho de que la persona sea un completo extraño no neutraliza ninguno de los puntos anteriores.

El método.

Concepto.

Imagina que te estás mudando, y que en la entrada de tu casa tienes 20 cajas que pesan 300 libras. Quieres subirlas al camión, pero no tienes la fuerza necesaria para hacer el trabajo. Te encuentras en soledad, y casi sin esperanzas. Necesitas subir todas esas cajas en media hora o perderás el avión.

Un sujeto de apariencia muy fuerte te dice: "si usted lo desea, puedo ayudarle; solo avíseme".

¿Le pedirías ayuda? ¿Quién en su sano juicio no lo haría, verdad? ¿Confiarías en qué puede ayudarte? Por supuesto, de otro modo no pedirías su ayuda. ¿Seguirías sus instrucciones? Claro, si eso te beneficia.

Recuerda que son 20 cajas y que tú no podrías levantar ni una sola. Eso último es importante. Hay algo que no puedes hacer por ti mismo(a) más rápido, más fácil o más eficientemente. En este caso levantar una caja, mucho menos 20.

Esta persona sube 17 cajas y te dice que ha sido un placer ayudarte. ¿Hay alguna cosa que quisieras pedirle ahora? ¡Claro que la hay!

¿Podría ayudarme con estas últimas 3 cajas?

"Será un placer. Mi tarifa es de $30 por caja". En ese momento tú solo sientes agradecimiento, y el *principio sicológico de la consistencia* te impulsa a retribuir el favor. Además, para ese momento esa persona ya es una autoridad ante tus ojos, un experto, una persona capaz y creíble. Esta persona ha demostrado que puede ayudarte con lo que falta y necesitas con urgencia. También sabía que tienes el dinero más que suficiente para pagar lo que vale el servicio y es algo que tú no podrías hacer sin él. ¿Existen personas en tu campo de experticia que no pueden levantar sus propias cajas? Por supuesto que sí, las descubrimos en los ejercicios anteriores.

Creando el instrumento de atracción.

Ahora vamos a crear ese trozo de marketing que hará que atraigas a tus prospectos como la miel a las hormigas. Este instrumento lo puedes utilizar en correo tradicional, páginas web, etc.

Cómo Lograr Que Te Pidan Que Les Vendas.

Para lograr que las personas acudan a ti pidiéndote indirectamente que les vendas, usaremos el método que aprendí de Dean Jackson. Quiero recordarte que yo no he inventado nada, solo he unido las piezas para crear un sistema. Esas piezas ya estaban hechas. No soy un genio tocado por una varita mágica; sino alguien que sabe qué funciona y qué no.

Vista general.

Invitación=> OfertA Irresistible=> Cuestionario=> Cita

Fase I. Invitación.

En esta fase llamaremos la atención de los prospectos, buenos y malos. Básicamente lo que haremos será preguntarles si están interesados en que los ayudemos a levantar sus cajas GRATIS.

Ej.

Caso: Clase de memorización avanzada.

Uso: anuncio, página web, carta, email, etc.

¿Quieres Que Te Enseñe Personalmente A Memorizar Hasta 100 Páginas En Una Hora Sin Agotarte Y Sin Olvidar Nada, Totalmente GRATIS?

Luego los invitamos a realizar una acción; no basta con colocar los datos de contacto.

(Llama, escribe, visita, dirígete) ahora (datos de contacto)

Ej.

Visita: mipagina.com/quierouncupo

Dirígete a calle X edificio R oficina Z.

Luego les dices cuántas personas obtendrán la oportunidad.

Solo 100 personas.

¿Quieres Que Te Enseñe Personalmente A Memorizar Hasta 100 Páginas En Una Hora Sin Agotarte Y Sin Olvidar Nada, Totalmente GRATIS?

Obtén información sobre cómo obtener la ayuda, la cual incluye:

- Cómo memorizar los párrafos en orden.
- Cómo usar el método exclusivo de la *Matrioska* para memorizar páginas enteras.
- Cómo llevar el olvido a cero.

Visita mipagina.com/xxxxxxx

¡ATENCIÓN!

Debido a que es personalizado *(aquí explico por qué. Es muy importante explicar por qué)*, solo aceptaremos **50 solicitudes**.

Fíjate que intencionalmente uso la palabra solicitudes, lo que significa que son ellos quienes deben buscarme y no al contrario. Eso me coloca en una posición de poder y autoridad.

Créeme que funciona elegantemente. Si la diriges al público indicado, agotarás las solicitudes muy rápidamente.

Imagina esto en un club de futbol.

DELANTERO

¿Quieres Que Personalmente Te Enseñe A Correr Dos Veces Más Rápido De Lo Que Corres Ahora, Y Que Lo Haga GRATIS?

Te garantizo que los cupos se agotarían el fin de semana próximo. En ningún caso estamos diciendo cuán genial somos nosotros; solo decimos "¿quieres que te ayude?".

Compara:

1

Miguel Mora, experto en velocidad y resistencia. Te enseño a correr dos veces más rápido de lo normal. Más de 20 años de experiencia. Número uno a nivel nacional.

Telf. 555-5555

2

DELANTERO

¿Quieres Que Personalmente Te Enseñe A Correr Dos Veces Más Rápido De Lo Que Corres Ahora, Y Que Lo Haga GRATIS?

En el primer caso las personas piensan que les van a vender algo, y que no están seguros de si esta persona en realidad puede darles los resultados.

En el segundo caso las personas sienten que recibirán ayuda sin arriesgar su dinero, lo cual es cierto. Además da la impresión de que obtendrá resultados.

Pero toma en cuenta que también se preguntarán cuál es el truco. No obstante, averiguarán por si acaso. Porque al ser gratis, no se pierde nada con solicitar información.

Fase II. Oferta Irresistible.

Ahora que tienes cientos de personas preguntando por la ayuda que ofreces, es hora de darles más información. Este instrumento que usaremos ahora **puede ser un video, audio, un mensaje en la contestadora, un email, una carta**, etc. Lo importante es que contenga los elementos que te voy a mostrar.

Los objetivos de este instrumento son:

- Eliminar el escepticismo (ej. ¿Cuál es la trampa?).
- Lograr que aumenten sus ganas por acudir a ti.

- Que se autoexcluyan aquellos que no cumplen con nuestros 5 elementos: dinero, necesidad, urgencia, decisión, y un plan.

1. *Empezamos con el beneficio principal o la caja que no pueden levantar.*

2. DELANTERO
3. ¿Quieres Que Personalmente Te Enseñe A Correr Dos Veces Más Rápido De Lo Que Corres Ahora, Y Que Lo Haga GRATIS?

Ahora tú:

_____

_____

_____

_____

_____

4. *Ofrecemos nuestra ayuda gratis.*

Gracias por solicitar información. Esta es la cosa: estoy lanzando mi *programa delanteros fulminantes*, y me gustaría recopilar datos sobre cómo la velocidad aumenta las oportunidades de gol en los delanteros.

Estoy armando un grupo limitado de delanteros para enseñarles cómo duplicar su velocidad en una semana. Me gustaría hacer esto por ti totalmente gratis… (Continúa según sea necesario).

Ahora tú:

_____

_____

_____

_____

_____

_____

_____

_____

_____

_____

_____

_____

_____

5. *En este momento se preguntan qué es lo que van a recibir.*

Te ayudaré con lo siguiente:

- Cómo sobrepasar a tres defensores en línea recta.
- Cómo regatear con velocidad ventajosa.
- Cómo controlar el balón mientras corres.
- Otros.

Ahora tú:

_____

_____

_____

_____

_____

_____

_____

6. Eliminamos el pensamiento que tienen ahora: ¿cuál es el truco? ¿Por qué gratis? Debemos explicar por qué lo hacemos gratis.

La razón por la que ofrezco mi ayuda de manera gratuita es porque de esta manera puedo contribuir con mi comunidad. Además puedo probar y refinar las tácticas que enumeré hace un rato con diferentes personas, y por supuesto que también es una manera de conocer personas que se puedan convertir en mis clientes quienes invierten $700 al mes en mi programa, si así lo desean.

Presta atención a esa última parte: conocer personas que se puedan convertir en mis clientes, si así lo desean. Estamos siendo honestos y ellos dirán, ah claro, es entendible. Me van a ayudar gratis porque soy un cliente potencial.

Explica siempre que esta es una manera de conocer personas maravillosas que se convierten en clientes, si es que ellos lo desean.

Nota también que incluyo cuánto cuesta el programa, de manera que sepan de antemano cuál es mi tarifa; esto es muy importante.

Ahora tú:

_____

_____

_____

_____

_____

_____

_____

7. *Ahora la pregunta es: ¿me van a vender algo?*

Tenemos que eliminar el miedo de que les vayamos a ofrecer nuestro programa y que los vamos a presionar para que compren. Entiende que ellos deben saber que NO HAREMOS ESO.

Continuamos.

Debes saber que no pretendo presionarte para que te conviertas en mi cliente, ni tampoco voy a darte un discurso sobre mi programa. La única forma que yo hable de él sería si tú me lo preguntaras. Solo te voy a ayudar como te lo prometí. Si en algún momento sientes que te estoy vendiendo algo, o que he desperdiciado tu tiempo…

Que nunca falte este cierre: Si en algún momento sientes que te estoy vendiendo algo, o que he desperdiciado tu tiempo…

Tal cual como dice. Debes explicar que no vas a venderle nada y terminar de esta forma.

Ahora tú:

_____

_____

_____

_____

_____

8. *Esta parte se coloca en el mismo párrafo. Es la continuación del anterior y va pegada a: "o que he desperdiciado tu tiempo…". El efecto de esta parte es volver el contacto algo irresistible.*

…Si en algún momento sientes que te estoy vendiendo algo, o que he desperdiciado tu tiempo, puedes decírmelo, y yo te regalaré un video con mis mejores tácticas de desequilibrio solo como compensación por malgastar tu tiempo.

Fíjate cómo ofrezco algo genial si sienten que he desperdiciado su tiempo.

Lo peor que podría pasar luego de tu tiempo gratis conmigo es que termines con un regalo que vale $XYZ; y lo mejor que podría pasar es que termines aprendiendo cómo correr y dejar atrás a cualquier defensa. Así que ganas o ganas. Esto solo puede decirte cuán confiado estoy en que mi ayuda no te hará perder el tiempo.

Si me arriesgo de esta manera ofreciéndote algo tan valioso como compensación, es porque sé que me vas a decir que el tiempo que pasamos ha sido de muchísimo provecho.

¿Puedes ver la confianza que transmito con esta última parte? Piensa en algo genial que podrías ofrecer como compensación. No tiene que ser algo físico o que te cueste dinero. Podría ser algo como un mes gratis de tu programa.

Pero esta parte no debe faltar porque es lo que lo hace irresistible e intrigante, como diría Frank Kern.

Ahora tú:

_____

_____

_____

_____

_____

_____

_____

_____

_____

_____

_____

_____

_____

9. *Ahora los prospectos piensan que esta oferta es una ganga. Habrá quienes no sean buenos prospectos pero de eso nos encargaremos en la siguiente parte.*

En esta parte les decimos que no podemos ayudar a todo el mundo, lo que nos posiciona como una figura de autoridad e invierte los papeles.

Los vendedores tradicionales tratan de que los prospectos los escuchen; aquí se trata de que ellos nos convenzan de que son convenientes para nosotros.

Quiero que me prestes mucha atención ahora. No puedo ayudar a todo el mundo. Para calificar para mi ayuda gratuita debes reunir ciertos requisitos. Estos son los jugadores a quienes puedo ayudar:

- Deben ser delanteros.
- Deben vivir en el área de…
- Deben estar estudiando en…
- Deben ser capaces de decidir…
- Deben tener urgencia de…

Ya captas la idea. Estamos asegurándonos de que solo nos contacten quienes tienen los 5 elementos de los cuales ya hemos hablado. Trata de que los requisitos no pasen de seis o siete, cinco sería mejor.

Así son ellos quienes deben ahora convencerte de que por favor los dejes acercarse a ti. También aquellos que no representan una oportunidad real de una venta se descartarán ellos mismos.

Ahora tú:

_____

_____

_____

_____

_____

_____

10. *Para terminar les decimos que llenen un formulario que estará disponible en un sitio web o impreso, no importa. Lo importante es que tendrás un formulario que ellos deben llenar diciéndote si de verdad cumplen con tus requisitos, y además te explicarán cuál es su situación con respecto al problema que tú pretendes solucionar en la entrevista.*

Todo esto para que tú puedas decidir si los aceptas o no como prospectos, y para que te enteres de cómo puedes ayudarlos mejor.

Esto es lo que quiero que hagas solo si reúnes esos requisitos:

- Ve a la página: mipagina.com/solicitarayuda
- Llena el formulario que se te presenta a continuación.
- Si calificas, nos pondremos en contacto para decirte...

También puedo decir: dirígete a la oficina, casa, etc., y solicita el formulario...

Fase III. Cuestionario.

El cuestionario que ellos solicitarán debe contener preguntas sobre su problema actual, cómo lo están tratando de resolver; y preguntas destinadas a informarte sobre su situación económica, la urgencia que tengan, etc.

Ej.

Por favor llena el formulario siguiente. Entiende que aunque no te venderé nada, ni te haré presión de ningún tipo, es lógico que use mi limitado tiempo para hablar con personas que puedan convertirse en mis clientes si lo desean. Es por ello que he incluido algunas preguntas sobre tu situación financiera.

Esa explicación es muy importante.

Nombre:

Apellido:

Edad:

Posición en el campo:

Dirección:

Recuerda que deseo saber si vive en una de las zonas aprobadas por mí.

Teléfono:

Dirección de correo electrónico:

Ocupación:

Dónde estudias:

Ocupación del padre:

Ocupación de la madre:

Si es un club de chicos, desearé saber si los padres tienen el poder adquisitivo para pagar lo que valgo. Además sabría que ellos no deciden y por lo tanto exigiré que el padre que tenga que decidir sobre su educación esté presente en la entrevista.

Ingreso familiar mensual, seleccionar:

- $3.000 a $5.000
- $5.000 a $7.000
- $7.000 a $10.000
- $10.000 +

No cometas el error de tenerle miedo a esta pregunta. De todas formas ya lo has explicado.

Presupuesto mensual para tu educación:

Tu tiempo en 100 metros:

¿Por qué deseas mejorarlo?:

¿Por qué ahora?:

¿Cuáles son tus aspiraciones como futbolista?:

¿En qué crees que puedo ayudarte?:

Allí lo tienes, este cuestionario te dirá quiénes confían y creen en ti, quiénes reconocen que necesitan tu ayuda con urgencia, quiénes tienen la capacidad económica, etc.

Fase IV. Cita.

Nada más que decir. Identifica quiénes son tus prospectos ideales y cítalos para una consulta gratis. En esa consulta usarás el modelo de conversación que hace que ellos mismos se vendan, se convenzan, y se ofrezcan tu programa sin que tú les des un discurso de ventas.

Pero eso es material del capítulo siguiente. Si saltas a ese capítulo antes de los que lo preceden, te garantizo un fracaso estrepitoso; así que ten paciencia y sigue paso por paso.

7 HACER QUE SE VENDA SOLO

Una vez que un prospecto te ha pedido que lo contactes, o ese prospecto te ha contactado, tu trabajo será convertirlo en un cliente; pero no lo harás hablándole de tus servicios; sino que ese prospecto vendrá con una carga que tu aliviarás en gran parte; y luego de que esa persona sepa que puedes levantar una caja por ellos, entonces ofrecerás levantar el resto de la carga a cambio de tu tarifa.

Esta es la mejor manera de vender que he visto y experimentado. Recuerda que tú no has contactado al prospecto para que te escuche; sino que es ese prospecto el que te ha pedido que lo contactes, y que lo ayudes.

El proceso que vas a aprender aquí está demostrado que puede cerrar 8 de cada diez; aunque no importa si cierras cinco de diez o 2 de diez, es igual de bueno. No inventé nada de lo que está aquí; es algo que Frank Kern me enseñó y que llama "cierre colaborativo", algo que tampoco inventó él.

El nombre cierre colaborativo proviene del hecho de que el prospecto colaborará contigo en la venta ¿no es genial eso? Este prospecto se convencerá a sí mismo, lo que significa que te dará una mano en el proceso de conversión.

A continuación te presentaré un modelo de conversación en el cual el prospecto y tú desarrollarán un plan para solucionar un problema. Al final de la conversación, el prospecto aceptará todo lo que contiene el plan porque él te ha ayudado a crearlo y lo siente como suyo.

Modelo de conversación para vender sin ofrecer.

Paso I.

Ya sea por teléfono o en persona; con un desconocido o no, tu primera tarea es establecer un lazo de confianza con tu prospecto. Empieza por subir el ánimo; y no hables sin ganas. Saluda con entusiasmo.

Explica que el propósito de esta conversación es desarrollar juntos un plan de acción.

Paso II. (Saber a dónde quiere llegar.)

Para saber lo que realmente el prospecto considera de mayor valor, le haremos la siguiente pregunta:

"Si estuviéramos conversando luego de 6 meses a partir de ahora; y miraras hacia atrás hacia el pasado ¿Qué tendría que haber pasado para que estés feliz con los resultados?"

Con esta pregunta no solo logro que se visualice trabajando conmigo por 6 meses, pude haber dicho 12, también conseguiré una respuesta que me ayudará a conocer lo que considera más valioso.

La respuesta la anotaré como el lugar a donde quiere llegar.

Ej.

"Para que yo esté feliz con los resultados tendría que haber estado ganando por lo menos $8.000 extras al mes".

Tomo nota entonces: desea ganar mínimo $8.000 extras por mes.

Paso III. (Saber dónde está.)

Ya el prospecto ha analizado conmigo hasta dónde quiere llegar; ahora haré que contraste esa aspiración con su situación actual.

"¿Entonces quieres ganar mínimo $8.000 por mes extra?"

Te aconsejo que repitas lo que te acaba de decir el prospecto.

"Así es".

"¿Qué tanto estás ganando ahora?".

"Estoy ganando $2000 con mis consultas".

Aquí paso a pintar el retrato de su situación: "Entonces quieres pasar de $2.000 a $10.000".

"Así es".

Paso IV. (Colgar el puente.)

El prospecto en este momento puede ver dónde está y a dónde quiere llegar; pero un abismo separa ambos lugares. Nuestro trabajo ahora será construir un puente formado por los pasos que componen la estructura de nuestra solución.

Es muy importante que durante este paso no le digamos qué debe hacer; más bien iremos construyendo el puente junto con él haciéndole preguntas para que sienta que la solución está saliendo de ambos:

"Acabas de decirme que solo recibes dinero por las consultas, ¿Qué tal te va con otros productos?".

"No poseo más productos para ofrecer a mis clientes".

"¿Crees que sería buena idea que creáramos un sistema para alcanzar la meta con otros productos?"

"¿Como cuál?".

"¿Crees que estaría bien si creamos un seminario de $497

que puedas ofrecer en donde enseñas cosas importantes relacionadas con tu área de experticia?

"Sí, de hecho es muy fácil".

"¿Crees que sería muy fácil que 17 personas compren una entrada para tu seminario llegando así a $8.449?"

"Sí, son pocas personas".

"¿Sugieres entonces que debemos usar los seminarios mensuales como una manera de llegar a la meta?"

"Sí deberíamos hacerlo".

Fíjate que en ningún momento he dicho: "debes crear o estudiar esto"; más bien le he preguntado si él piensa que debería hacerlo. Estoy dando todo el poder de crear su propio plan al prospecto. Así sentirá que la estructura ha salido en colaboración conmigo; y de hecho así es.

"¿Piensas que los seminarios mensuales nos acercarán a nuestra meta de $8.000?".

"Definitivamente es un buen paso".

Ahora su mente empieza a construir el puente:

"veo que solo tienes 20 clientes que pagan $100 al mes".

"Así es".

"Si consigues un aliado que pueda conseguirte 160 clientes ¿Estarías dispuesto a pagarle $50 por cada cliente que te consiga?"

"Sí, es más fácil".

"¿Estás sugiriendo que 160 clientes por $50 te acercaría a tu meta?".

"Sí, 160 x $50 serían $8.000".

"Eso sería el primer mes, luego solo necesitarías 80 de esos clientes que quedarían pagando $100".

"Definitivamente sí".

"¿Piensas que eso nos acercaría más a nuestra meta?".

"Estoy seguro".

Ahora su mente ha colocado otra sección del puente:

"Has dejado en claro que te gusta escribir; lo que me hace suponer que no tienes problemas para escribir un reporte de 60 páginas ¿Tengo razón?"

"Totalmente".

"¿Piensas que deberíamos incluir en el plan un reporte que pudieras vender por $49 a 170 personas que posee el aliado estratégico?".

"Claro que deberíamos".

"¿Te parecería bueno que hiciéramos eso?".

"Eso es bueno, seguro que sí".

"¿Crees que eso que propones deberíamos incluirlo entonces?".

"Me parece que deberíamos incluirlo".

Ahora se ve más cerca de su meta con el plan que está ayudando a crear:

"Me parece que estamos cerca de nuestra meta. ¿Tú qué crees?".

"Yo también lo creo".

"¿Si grabaras con tu voz ese reporte y lo convirtieras en un audio, podría sacar otro producto con la misma información?".

"Eso es".

"¿Crees que 28 personas estarían dispuestas a comprar ese audio por $297?".

"Sí, eso puedo hacerlo".

"¿Sugieres que deberíamos colocar eso en nuestro plan?".
"Sí".

Una vez más, jamás le he dicho lo que debe hacer, no de manera directa; sino que siempre le pregunté si eso es lo que considera apropiado. Ahora él se da cuenta de que ha creado un maravilloso plan.

El prospecto en este momento siente el plan como algo

que ayudó a crear; y créeme cuando te digo que lo va a apoyar.

Paso V. (Prescribir).

Ha llegado la hora de decirle entonces lo que debe hacer:
"Según el plan que has estado construyendo conmigo, deberías desarrollar un seminario al mes de $497 para 17 personas, un reporte de $49 para 170 personas, un programa en audio de $297 para 28 personas y una alianza para conseguir mínimo 80 clientes".
"Sí".
"Eso daría más de $30.000 al mes".
"¡Genial!".

Hasta ahora hemos ayudado a cargar muchas cajas pesadas por él. Es hora de pasar al siguiente punto.

Paso VI. (Pre cierre.)

¿Te parece que el prospecto pueda hacer todo lo que está en el plan por sí mismo? Aunque la respuesta sea sí, le será muy complicado sin un experto que lo guíe; y adivina quién es ese experto de confianza ante sus ojos. Pues el mismo que lo ayudó a construir su plan.

Debemos hacer la siguiente pregunta:
"¿Te parece que este plan que hemos creado juntos te ayudará a alcanzar mínimo los $10.000 al mes?".

La respuesta es sí, prácticamente en un 100%.
"Sí".
¡Esto es oro! Acaba de decir que sí a tu programa sin saberlo. En realidad lo que hemos hecho es revelarle la

estructura del mismo mientras él iba diciendo que eso es lo que debía hacer. Ahora él solo debe decidir entre hacerlo solo o entrar en tu programa.

Recuerda que este es un prospecto que tiene los 5 elementos para convertirse en cliente; y no debe tener problemas ni con el precio ni con la urgencia.

Paso VII. (El cierre.)

Inmediatamente que diga que sí, le parece un excelente plan para llegar **hasta donde está desesperado por llegar**, la pregunta es:

"¿Quieres que te ayude a llevar ese plan adelante?".

8 de 10 dirán que sí; y aun si fueran 5 de 10, sería una taza de conversión excelente.

¡Es increíble! En ningún momento hemos hablado de nuestro programa de manera directa, y no lo hemos presionado para que compre; este prospecto estuvo vendiéndose a sí mismo desde el inicio. Nos ayudó a venderle nuestro sistema.

Hemos demostrado capacidad para ayudar; y ahora necesita que lo ayudemos a cargar las otras cajas.

Es un hecho.

Si le pides a una persona que camine contigo por 10 kilómetros; y durante el trayecto deslumbras, emocionas y ayudas a esa persona, cuando le digas que han alcanzado los 10 kilómetros, le agradezcas por su compañía y que a partir de allí irás solo(a) por 2 kilómetros más, esa persona te dirá que te puede acompañar los otros 2. Primero, disfruta de tu compañía, segundo, la has ayudado durante la conversación y tercero, ya ha recorrido un buen trecho contigo y siente que te conoce y que puede confiar en ti. ¿Cuán mejor si es esa persona quien te ha pedido que le permitas acompañarte desde el principio?

8 CÓMO CONSEGUIR 100 CLIENTES EN UNA SEMANA CON LA AYUDA DE UNA EMPRESA

Debe haber una forma de conseguir pupilos para tu group coaching que sea efectivo y que también te permita hacerlo de forma acelerada. Y por supuesto que la hay. Vamos a conversar sobre cómo colocar mínimo 100 personas en tu grupo de coaching con la ayuda de una empresa. Este grupo de personas te pagarán mensualmente tu tarifa para que trabajes en la modalidad de muéstranos. De este grupo saldrán prospectos adecuados para trabajar uno a uno.

Y claro que hay un mejor método, es precisamente de ello de lo que estamos hablando aquí. Lo que debemos hacer, en vez de hacer que a las personas les interese obtener una cita contigo, es encontrar un grupo numeroso de ellos que ya estén deseando lo que ofreces; pero que no saben dónde encontrarlo, ni cómo se llama porque aun no han sabido de tu programa.

La siguiente pregunta lógica sería dónde encontrar a ese grupo de personas que ya están deseando encontrar alguien que los ayude a levantar sus cajas. Pues bien, debemos pensar en agrupaciones en donde sus miembros tienen un gran sentido de pertenencia; donde nuestro público ideal se sienta identificado con algo.

Los Grupos Que Enviarán Solicitudes En Masa

Estos grupos son: clubes, asociaciones, organizaciones, empresas, gremios, comunidades, etc. Piensa en los diferentes grupos que abrigan a tu público bajo un mismo techo. Por ejemplo, si mi campo fuera sobre futbol, pensaría en ligas, clubes, grupos de Facebook sobre futbol, etc.

Puede ser que tengas varios grupos en tu lista; pero tal vez no sabes por dónde empezar. Para saber cuál grupo es el ideal, o el de mayor prioridad debes tomar en cuenta el criterio de los 5 elementos:

Este Tipo De Organización Te Ayudará A Llevar Tu Programa A Cientos En Un Día

Una vez que hayas determinado cuál agrupación cobija a tu público ideal es el momento de pensar en quién te ayudará a llenar los cupos de tu grupo de coaching. Y me refiero a las empresas.

Una empresa puede llenar todos los cupos disponibles en tan solo un movimiento. Lo mejor de todo es que no tienes que vender tus cupos a 100 personas en un día; en vez de eso venderás 100 cupos a esta empresa en un día y ésta distribuirá las copias a tu público. En un momento te explicaré por qué lo harán y lo están haciendo en este momento con coaches como tú.

Primero hablemos de cómo se llama esta estrategia. Lo que estamos analizando aquí se llama patrocinio. El patrocinio es algo que recibes de esta empresa, ya sea dinero, un producto o servicio, recursos tecnológicos, etc. En este caso ellos te darán dinero por tus cupos.

Por supuesto que ellos recibirán algo a cambio. Lo que ellos recibirán será un instrumento que puedan utilizar para retener a sus clientes o ganar nuevos clientes o consumidores. Me refiero a tu programa. Sí, tu grupo será el medio que ellos usarán para agradar más a sus clientes y al público que ellos desean.

El patrocinio de tu programa funcionará de esta forma:
• Al público le gusta tu programa.
• La empresa compra tus cupos y se los regala.
• El público se beneficia con tu programa.
• La empresa ha conseguido agradar al público con esto.
• Tú obtienes ventas masivas y tu mensaje ha llegado más lejos y más rápido.

Las Razones De Estas Organizaciones Para Ayudarte A Vender Cientos De Cupos En Un Día

Una de las razones por la cual esta estrategia le viene bien a una empresa es el hecho de la caída en eficiencia de la publicidad tradicional. Los costos de la publicidad tradicional han venido en aumento y, para colmo, las personas prestan cada vez menos atención a ella.

Uno de los principales enemigos de la publicidad en las películas que venían en DVD era el botón de adelantar del control remoto. Casi nadie, por no decir nadie, sale a la calle a mirar publicidad a propósito. En cambio la estrategia de patrocinio que hemos visualizado aquí influye de manera indirecta en el público para que éste piense en la marca y sienta agradecimiento y afinidad con ella. El mensaje de marketing está allí, es solo que no se grita.

Es un hecho, la sociedad tiene nuevas prioridades. Las personas están respondiendo más a los mensajes de las compañías que demuestran que están contribuyendo con su sociedad, con su entorno, etc.

Las empresas saben que ha llegado el momento de ser más sensibles a los temas que preocupan a las personas o que les apasiona. Es importante entonces para una empresa poder utilizar un instrumento para contribuir con este grupo de personas de manera positiva, y ese instrumento es tu programa.

A las personas les gusta tener significado en sus vidas. Les gusta sentirse parte de algo bueno, algo grande. Una empresa puede lograr conectarse con el público si por medio de tu programa lo ayuda a alcanzar la transformación que ese público desea.

Hoy más que nunca tu programa puede ayudar a esta empresa a humanizarse o demostrar que se han humanizado o que han nacido ya humanizados. Tu programa servirá para crear una conexión entre la empresa y el público que sea fuerte y duradera.

También se ha hecho necesario que la comunicación de una empresa con el público sea una iteración. Atrás quedaron los días en que una empresa comunicaba un mensaje al público en general y este público decidía si escuchaba o no. Ahora el público tiene voz. Las personas desean decir algo a las empresas también. Ésta estrategia facilitará la comunicación de doble vía que tu público y la empresa podrán apreciar. La empresa desea saber cuál es la opinión del público para mejorar sus ofertas y saber cómo servir mejor a estas personas.

Otro factor clave en el éxito de este tipo de estrategias es que el patrocinio tiene una mayor aceptación entre el público. 75% de los americanos piensan que el tele mercadeo es una invasión a su privacidad, según un estudio de Brandweek, y 65% de las personas que compraron o rentaron películas piensan que la publicidad que contienen son molestas, según una encuesta de Gallup para Advertising Age.

Por otro lado, las personas responden al patrocinio de forma más que positiva porque el patrocinio es visto como una actividad que devuelve algo a la sociedad y contribuye en su beneficio. Según un estudio de Cone Cause Evolution, 93% de las personas tienen una imagen positiva de los productos que apoyan una causa.

Según un estudio de McKeon & Assoc. 85% de la audiencia del Festival de Gospel de Chicago podía recordar a los patrocinadores.

Newport R.L. nos dice que 72% de los fanáticos de NASCAR al tener que escoger entre dos productos similares del mismo precio, eligen la marca que esté asociada con NASCAR.

Es por esto entonces que la industria del patrocinio ha sido la de más rápido crecimiento en las últimas décadas. Las empresas preferirán patrocinar tu programa y disfrutar del beneficio que obtendrán al hacerlo. En promedio las empresas más grandes del mundo reservan un 18% de su presupuesto de marketing al patrocinio.

El Tipo De Actividades Con Las Que Debes Involucrarte Para Obtener Este Beneficio

Lo que más patrocinio recibe es el deporte, y eso ya es bastante obvio, durante décadas el deporte ha estado dominando por más del 70% el presupuesto para patrocinio de las empresas.

Las causas son otro tipo de actividad que las empresas prefieren patrocinar, también están los festivales y eventos anuales que reciben una buena Porción del presupuesto.

El entretenimiento es también muy buscado por las empresas para invertir en patrocinio, las artes y diferentes tipos de asociaciones también se benefician de esta actividad de marketing.

Si tú quieres aprovechar también el presupuesto de patrocinio de las empresas, entonces debes vincular tu programa con alguna de estas actividades. Sin importar el tema, créeme cuando te digo que es posible vincularlo con cualquiera de estos tipos de grupos.

Si tu programa es sobre cocina, tal vez pienses que no podrías vincularlo al deporte; pero recuerda esto: si tu programa va dirigido a humanos, entonces puedes apuntar a los deportes, las artes, las causas, etc. Solo necesitas encontrar un grupo de personas que se agrupen bajo una organización que encaje dentro de una de estas categorías y que se interesen por tu tema.

Una competencia deportiva de estudiantes de cocina puede ser la excusa perfecta para que una empresa regale cupos para tu programa como uno de los premios.

Qué Hace Que Las Empresas Deseen Comprar Tus Cupos Para Regalarlos

Ahora quizás te preguntes por qué una empresa decidiría patrocinarte a ti. Pues sin importar tu nivel de fama, no importa que no tengas ninguna, una empresa puede beneficiarse al comprar los cupos tu grupo de coaching para utilizarlos como instrumentos de conexión con el público. A continuación te presento las razones por las cuales las empresas comprarán tus cupos:

Ellos usarán el programa para **hacerse más visibles** y crear conciencia de marca. Esto significa que al regalar tus cupos, ellos podrán aparecer de forma significativa ante los ojos de las personas que ellos desean como consumidores o clientes.

También buscan lograr con esto que el público piense en ellos cuando se decida a comprar un producto o servicio del tipo que la empresa ofrece, a eso se le llama conciencia de marca. Ellos también pueden usar tu programa para **fidelizar a sus clientes o futuros clientes**. Si ellos pueden crear una conexión emocional con el público al obsequiarles un cupo para tu grupo, entonces estarían en camino de crear lealtad, es algo difícil, pero ellos están dispuestos a intentarlo. Ellos saben que en un mundo en que los productos o servicios se parecen cada vez más los unos a los otros, el elemento diferenciador será la conexión emocional que tenga cada producto o servicio con el público.

Ellos usarán tu programa para **cambiar o reforzar la imagen de la marca**. Si tu programa trata sobre el medio ambiente, por ejemplo, esto contribuirá para que el público asocie la imagen que tu mensaje proyecta con la empresa. La contribución que hará esta empresa al público los pondrá bajo una luz más positiva.

Ellos pueden usar tu programa para **dirigir al público a sus tiendas,** los minoristas que venden sus productos o los distribuidores. Tu programa puede ser el medio, como verás más adelante, para que la tienda de la empresa que lo ha comprado en masa se vea abarrotada de personas, lo cual es obviamente beneficioso para esta empresa ¿Crees que un restaurante podría beneficiarse de esto? Esta empresa podría hasta recuperar la inversión muy rápidamente.

Las empresas usarán tu programa para **demostrar responsabilidad social** y que pueden estar involucrados en la comunidad. Aun cuando una asociación, organización, etc. No tenga los recursos para comprar cientos de cupos para tu grupo la empresa puede demostrar su compromiso con la comunidad al hacerse cargo de la adquisición de este recurso para los miembros de este grupo de personas. Hoy en día la responsabilidad social se está volviendo algo cada vez más común entre las grandes empresas.

Otra forma de utilizar tu programa es como un instrumento para **incrementar las ventas** de productos o servicios de una empresa. Más adelante veremos cómo se lleva esto a efecto. Este es uno de los métodos preferidos de los patrocinadores de utilizar un recurso provisto por su patrocinado. Tú tienes en tus manos la herramienta que ellos necesitan para influir positivamente en las ventas de una empresa. Recuerda que tu programa está dirigido a un gran número de personas y que esas personas tienen necesidades.

Si esta empresa puede cubrirlas, es un buen momento para que tu programa ayude a tu público a conseguir lo que desea, al mismo tiempo que tu patrocinador recoge sus frutos.

Tu programa también puede ser usado para que la empresa **demuestre las cualidades de su producto o servicio**. La actividad de demostración es de mucho valor para las empresas en un mercado cada vez más competitivo. Ellos desean mostrar a tu público que sus productos o servicios son superiores. Entonces también veremos cómo tu programa es capaz de demostrar los atributos de una marca ante el público. Esto es algo que tu patrocinador sabrá apreciar.

Otra forma de aprovechar la compra en masa de tu programa es que la empresa puede con ello alcanzar un objetivo crucial: **retener a sus clientes**. Esto se hace, entre otras actividades, entreteniéndolos. Tu grupo de coaching, y la organización que agrupa a tu público, pueden ser de mucho provecho para los clientes actuales de esta empresa. Las empresas saben que tan importante como obtener clientes nuevos es retenerlos. También saben que es más fácil vender algo a una persona que ya es cliente que hacerlo con un prospecto nuevo.

Las empresas comprarán tu programa en masa porque tal vez deseen **llegar a un nicho de mercado específico**. Tal vez esta marca de teléfonos móviles desea conectarse con un sector del público determinado y tu programa es la excusa perfecta para hacerlo. Si tu grupo puede ser ofrecido a un nicho, digamos solo dueños de negocios, una empresa que funciona en modo negocio a negocio podría definitivamente usarlo para conectarse con ellos. Por ejemplo, un distribuidor de artículos de oficina podría usar tu programa para tal fin.

Tu programa puede ser usado por la empresa patrocinadora para **incentivar a sus empleados o sus fuerzas de ventas.** Una gran empresa entiende que su cliente número uno es su empleado. Las empresas que se preocupan por mantener un entorno laboral agradable utilizarán tu programa para beneficiar a las personas que trabajan allí. Como ya he dicho antes, más adelante veremos ejemplos concretos de poner en práctica todas estas razones.

Otra razón para comprar tu programa en masa es la posibilidad de **obtener una ventaja competitiva** sobre otras empresas. El prestigio que brinda el patrocinio y el reconocimiento social que este produce es bien aprovechado por las empresas que lo ponen en práctica. Las empresas que generen una conexión de mayor calidad con el público tienen más posibilidades de ganar la dura batalla en los diferentes mercados.

Una razón más para comprar tu programa en masa es que pueden de esta forma **aprovechar la publicidad** que ganarán con esta actividad. Una empresa que no posea tanto presupuesto para publicidad como su competencia puede valerse del patrocinio para compensar esta carencia. El patrocinio puede brindar a una empresa la exposición que por ellos mismos no pueden lograr.

Estrategias Para Vender 100 Cupos En Una Semana

Entremos a analizar en detalle las estrategias que puedes poner en práctica para que tu público, tu patrocinador y tú se beneficien. De esta forma podrás proponer una alianza ganar, ganar, ganar con la empresa de tu elección en donde gana el público, gana la empresa y ganas tú.

El primer paso es contactar al gran público sin el cual esto no sería posible. Solo debes ir a quienes tienen influencia sobre este público y preguntarles si desean cupos gratuitos para tu grupo. Es todo.

Ejemplo, si tu programa trata sobre marketing, puedes ir a la cámara de comercio local y ofrecer cupos gratuitos para tu programa para todos los dueños de negocios. Recuerda que estos cupos los pagará una empresa. Una vez que la cámara acepte, ya tienes a tu público preparado. Solo debes preguntar a los influyentes de la cámara si aceptarían que los cupos fuesen asignados por una empresa patrocinadora. Listo.

Estrategia Para Incentivar A Los Minoristas

Supongamos que le propones a una tienda artículos de oficina que si compra los cupos de tu programa a partir de un determinado número:

• Tú llevarás X número de personas a su tienda.
• Aumentarás la visibilidad de la misma.
• Harás que se hable en los medios de ella.
• Le darás un producto en alta demanda que no se encontrará en ninguna otra tienda de este tipo de la localidad.

¿Crees que habrás ganado la atención de esta tienda?

Le ofrecerás entonces los siguientes métodos de activación de la estrategia:

• Los dueños de negocios irán a la tienda porque allí es el único sitio para registrarse.

• Tú estarás allí personalmente registrando y dando una charla.

• Los que obtengan el cupo compartirán sus datos de contacto con la tienda, así la tienda podrá enviar promociones.

• Con cada cupo otorgado se entregará un material promocional de la tienda.

• Tú harás una donación, proveniente de parte de las ganancias, a una causa a nombre de la tienda.

• Darás el derecho a la tienda de revender entradas para una conferencia, copias de tu libro, si lo tienes, algún producto o servicio que ofrezcas, etc.

Recuerda que debes fijar una cantidad mínima de cupos que la tienda debe comprar. Si vas a colocar anuncios en lugares claves, incluye el nombre y el logo de la tienda y la dirección para que las personas se dirijan hacia allí. Esto aplica a los anuncios de radio, en los diarios, etc.

Adicionalmente puedes incluir un concurso. Las personas que adquieran el cupo pueden registrarse en la tienda para ganar algo. De esta forma la tienda tendrá una razón para recopilar los datos del público y lanzar promociones en el futuro. Aplica este ejemplo a tu caso particular

Estrategia Para Influir En Las Ventas Al Consumidor

Una vez que hayas seleccionado la empresa que deseas que compre tus cupos, explícales que con tu programa puedes influir en sus ventas, aumentar el aprecio de una comunidad hacia su marca y distinguirse de la competencia. Ya no estamos hablando de una tienda. Puede ser tanto la tienda, como cualquier otro patrocinador.

Dependiendo de la cantidad de cupos que compren, puedes ofrecer lo siguiente:

• Las personas obtendrán tu programa gratuitamente si muestran un comprobante de compra del producto o servicio de tu patrocinador. Ej. Un recibo, un envase, una factura, etc.

• Harás una donación a una causa a nombre de tu patrocinador, el dinero saldrá de tus ganancias.

• Puedes ofrecer algo más que vendas; pero a un precio mucho más bajo solo para aquellos que muestren el comprobante de compra.

Estrategia Para La Retención De Clientes

Para aquellas empresas que deseen lucir como héroes ante sus actuales clientes, simplemente puedes ofrecer lo siguiente:

• Que la empresa compre los cupos y luego los regale a sus clientes.

• Que la empresa compre los cupos y los use en promociones o concursos para sus clientes.

• Que los use como premios a los clientes más leales o antiguos.

• Que a partir de una determinada cantidad de cupos comprados, tú ofrecerás una charla gratuita para sus clientes y firmarás libros.

Estrategia Para Motivar A Los Vendedores Del Patrocinador

Puedes ofrecer a la empresa de turno la motivación de su fuerza de ventas con tu programa. Podrías hacer lo siguiente:

• Que cada vendedor que obtenga un número determinado de ventas reciba un cupo comprado por la empresa.
• Que todos los vendedores reciban un cupo, estos empleados obviamente deben desear obtener uno.

Estrategia Para Reforzar La Imagen Del Patrocinador

Las cupos comprados por esta empresa pueden ser ofrecidos con el logo de ésta como patrocinador oficial.

Estrategia De Visibilidad Para El Patrocinador

Supongamos que la publicidad en un diario cuesta $1.000. Podrías ir a 10 empresas y ofrecerles la publicidad en ese mismo diario por una inversión de $100 cada uno, eso cubre el costo de la publicidad. Cada empresa obtendrá su logo y su nombre en un solo anuncio que invita a los de tu público objetivo a obtener un cupo gratuito en tu programa. Los cupos serían reclamados en una tienda patrocinadora.

Para obtener esta publicidad a descuento, cada patrocinador debe, además de darte los $100, comprar cierta cantidad de tus cupos. Con los cupos se debe incluir también algunos materiales promocionales de estos patrocinadores. Los cupos se entregarán por cortesía de ellos.

Las empresas ganan un anuncio de $1.000 por solo el 10% de su precio y un canal de distribución de sus materiales promocionales, que es tu programa. El anuncio no te costará nada y obtendrás ventas.

Otra modalidad sería que el costo del anuncio saliera de tus ganancias producto de las ventas de los cupos a estas empresas.

Tip: Los medios de comunicación son abiertos a darte espacio gratis si los conviertes en patrocinadores. Si el patrocinador oficial es el diario, este te dará el anuncio gratis como patrocinio. Ellos prefieren hacer esto a darte dinero. Aun podrías vender este espacio y obtener esos $1000 para ti vendiéndolo a tus otros patrocinadores como acabamos de ver.

Estrategia Para Crear Promociones Cruzadas

Puedes ofrecer a tres empresas un medio de distribuir sus materiales promocionales, que es tu programa de coaching, esto si ellos compran una determinada cantidad de cupos. Además de eso, les ofreces la oportunidad de obtener nuevos canales de distribución de sus mercancías por medio de las promociones cruzadas.

La promoción funciona así: Cada empresa aporta un pequeño producto o regalo a todos aquellos que adquieran el cupo gratis como parte de un concurso. Además de ello, las empresas pueden asociarse para cruzar sus productos como en este ejemplo:

Tienes tres patrocinadores:
• Una tienda de ropa
• Un restaurante
• Un hotel

Los que adquieran el cupo obtendrán un cupón para comprar una prenda de vestir al 75% de descuento. Al redimir su cupón, la persona obtendrá un cupón para una cena gratis y una habitación por una noche. De esta manera tu programa envía a las personas a los locales de los otros patrocinadores. Muchos de los que vayan al restaurante por su cena gratis posiblemente regresarán, y probablemente no irán solos a redimir su cupón para la cena gratuita. Es posible también que consuman otras cosas que sí deban pagar.

Quienes vayan al hotel terminarían consumiendo su comida también, así como otros beneficios. Estos son tan solo ejemplos. Puedes pensar en otras industrias.

Estrategia Para Demostrar Los Atributos De La Marca De Tu Patrocinador

Cuando una persona reclame un cupo de tu programa por cortesía de un patrocinador, recibirá una muestra del producto de esta empresa. También puede obtener un cupón para un servicio gratuito de la empresa. De esta forma tu patrocinador no solo consigue un medio de distribuir su material promocional, sino que también obtiene prospectos de clientes directos.

Consiguiendo Tus Patrocinadores

Lo primero que debes hacer antes de buscar patrocinadores que compren tus cupos es hacer un inventario de lo que tú puedes ofrecerles.

Veamos:
¿Posees una marca personal, o corporativa, tal vez un logo que goce de cierto prestigio? Ellos querrían estar asociados a esa marca o logo y así ganar cierto prestigio ante los ojos de tu público. Si no posees esto, no importa, aun hay otras cosas que puedes ofrecer.

¿Posees un público al que ellos puedan tener acceso y enviar sus materiales promocionales? ¡Sí! De esto hemos estado hablando.

¿Posees alguna publicación que ellos puedan usar para colocar sus logos o insertar sus materiales promocionales? ¡Sí, otra vez! Esta publicación es tu grupo de coaching.

¿Planeas colocar anuncios? Tus patrocinadores podrían aparecer en ellos. El costo del anuncio puedes distribuirlo entre ellos para que no te cueste nada.

¿Posees un sitio web? Este es otro medio que pueden aprovechar tus patrocinadores para mostrar su marca.

IDENTIFICANDO

Pasemos ahora a identificar aquellas compañías que comprarían cupos para tu programa:

• Empresas que ya estén patrocinando dentro del mercado al que pertenece tu programa. Ej. Si tu programa es sobre deporte, es fácil saber quiénes están invirtiendo en deportes como patrocinadores.
• Compañías que estén vendiendo en el mercado al que pertenece tu grupo. Estas son las compañías que tienen un producto o servicio dirigido a tu público y que se relaciona con el tema de tu programa. En el caso anterior una empresa de refresco de cola podría patrocinar deportes aunque no esté basada en este mercado. En este otro caso la empresa estaría vendiendo artículos deportivos, por ejemplo.
• Compañías que patrocinen proyectos similares al tuyo, aunque en un mercado diferente. Cuando digo mercado me refiero al público y el producto que son similares.

• Compañías que simplemente desean llegar al público al que tú te diriges.

• Compañías que proyectan una imagen que encaja perfectamente con la imagen que proyecta tu programa.

Es mejor si te reúnes con un representante de la empresa y luego les presentas una propuesta que se adapte a sus necesidades. Algunas empresas pedirán que les envíes algo escrito antes de reunirse contigo. Sigue este plan para redactar tu propuesta:

• Identifica los objetivos claves de venta que posea esta empresa y expresa tu compromiso para ayudarlos a conseguirlos por medio de tu grupo de coaching.

• Enfatiza los beneficios que obtendrán al comprar los cupos.

• Incluye ideas de estrategias como las que te he mostrado.

• Muéstrales los números: cuántas personas hay en tu público, nivel de ingreso promedio, etc.

• Habla de la ubicación geográfica de tu público y como esta ubicación conviene a la empresa.

• Si ésta no es la primera vez que consigues patrocinadores, muestra testimonios de empresas anteriores que te hayan patrocinado.

• Ajusta la propuesta a la categoría del negocio: Banco, Medio de Comunicación, Minorista, Refrescos, Restaurantes, etc. Cada industria tiene sus propias necesidades.

Cuánto Debe Invertir Cada Patrocinador

Ellos esperan que por lo menos descuentes un 50% del precio de los cupos, podrías ir incluso hasta un 75% el primer mes y luego 50% el segundo. Esto es posible porque tú decides el precio. Recuerda: debes ofrecer un descuento substancial.

LISTA DE EMPRESAS QUE MÁS PATROCINAN PROYECTOS COMO EL TUYO

Para encontrar una lista, no solo de las industrias, sino de las empresas específicas que patrocinan proyectos como el tuyo, te invito a que la obtengas de forma gratuita como regalo adicional a este entrenamiento:

http://academiamundialdepatrocinio.com

9 RAZONES QUE CADA INDUSTRIA TIENE PARA COMPRAR TUS CUPOS

Aerolíneas

Aumentar la visibilidad en nuevos mercados.
Demostrar envolvimiento con la comunidad.
Involucrar a sus empleados.
Construir relaciones con usuarios de clase "business" frecuentes.
Asegurar negocios con propiedades patrocinadas.

Usualmente hacen tratos con una combinación de dinero y boletos de cortesía.

Fábricas de golosinas

Ganar plataformas para la venta al menudeo.
Generar ventas durante los periodos de consumo claves.
Crear productos novedosos.
Dar muestras del producto.
Promover la herencia de la marca.
Obtener derechos de venta en sitios.

Inversión:
Deportes 43%
Causas 27%
Festivales 17%
Entretenimiento 8%
Artes 5%

CVAC (Calefacción, Ventilación y Aire Acondicionado)

Fabricantes:

Ganar visibilidad.
Plataformas promocionales.

Distribuidores:

Credibilidad
Demostrar envolvimiento comunitario.
Activar durante épocas claves (de calor y de frío).

Salsa picante

Oportunidades de muestreo.
Plataformas promocionales.
Correr la voz mediante marketing viral.

Pizza congelada

Promover nuevos productos.
Ganar plataformas para promociones al menudeo.
Ganar derechos de venta en sitios.

Tiendas por departamento

Demostrar envolvimiento comunitario.
Fomentar las campañas de la marca.
Generar tráfico a las tiendas.
Promover mercancías con etiqueta privada (con su propio nombre, fabricada por otros).

TV por cable

Promover nuevos productos.
Tener acceso a contenido para usarlos.
Recompensar a sus clientes.
Ofrecer soporte como medio.

Como medios prefieren pagar con una combinación de dinero y espacio.

Inversión:
Deportes 66%
Causas 7%
Festivales 13%
Entretenimiento 7%
Artes 7%

Electrodomésticos

Acceso al derecho de contenido (un contenido que se cargue al encender el aparato de tv, por ejemplo,).
Ganar plataformas para ventas al menudeo.
Abrir nuevas puertas de ventas.
Ganar exclusividad.

Inversión:
Deportes 64%
Causas 6%
Festivales 11%
Entretenimiento 10%
Artes 5%
Asociaciones 2%
Conferencias 2%

Mensajería

Promover el posicionamiento en velocidad y confiabilidad.
Obtener negocios directamente de las propiedades patrocinadas y sus sponsors.
Ganar hospitalidad para clientes y prospectos (conseguir cosas que puedan dar a sus clientes y prospectos).
Involucrar a sus empleados.

Inversión:
Deportes 55%
Causas 21%
Festivales 9%
Entretenimiento 8%
Artes 3%
Asociaciones 3%
Otro 1%

Relojes de lujo

Derecho de producir relojes con *aliados*.
Acceso al talento para que sirvan como embajadores de la marca.
Oportunidades de involucrar a minoristas claves.
Oportunidad de fijar una tienda en el sitio de activación.
Demostrar precisión y herencia.

Entiéndase que la demografía a la que apuntan es la clase media alta y clase alta. Es por ello que prefieren activar en el golf, deportes motorizados, artes y otras actividades que atraigan a este público.

Detergentes

Promocionar productos en entornos relevantes y creíbles.
Demostrar los atributos de la marca.
Ganar plataformas para las promociones al menudeo.

Seguros

Apoyar la posición de la marca.
Activar a sus agentes.
Adquirir prospectos.
Generar participación vía redes sociales.
Apoyar iniciativas filantrópicas.

Inversión:
Deportes 71%
Causas 9%
Festivales 6%

Entretenimiento 9%
Artes 3%
Otro 2%

Salchichas

Crear licencias de productos.
Generar tráfico a las tiendas.

Cadenas farmacéuticas

Promover el posicionamiento en la salud y bienestar.
Ganar plataformas para generar tráfico a las farmacias.

Minoristas

Generar tráfico a las tiendas.
Promover productos de etiqueta privada.
Recompensar a clientes leales.
Promover departamentos específicos.
Retener su marketing geográfico.
Recibir apoyo de sus distribuidores.

Ropa y accesorios

Ofrecer plataformas de promociones al menudeo.
Desarrollar mercancía con aliados.
Proveer ventas en sitio de activación.
Mostrar productos.

Inversión:
Deportes 59%
Festivales 9%
Entretenimiento 11%
Causas 21%

Bancos

Ganar plataformas para promociones.
Ganar espacios para cajeros electrónicos.
Construir visibilidad en nuevos mercados.
Promocionar líneas de negocios específicas.
Promover el desarrollo económico.

Fuerzas Armadas Estadounidenses

Demostrar la experiencia de ser militar (promueve la carrera militar).
Alcanzar centros de influencia (llegar a profesores, entrenadores, padres, y todos aquellos que tengan influencia en la escogencia de una carrera).
Tener acceso a escuelas secundarias.

Hoteles
Activar a los clientes frecuentes.
Apoyar marcas en crecimiento.

Inversión:
Deportes 55%
Ferias y festivales 20%
Artes y entretenimiento 16%
Causas 7%
Gobierno/asociaciones 2%

Cereales

Ganar plataformas promocionales para la activación al menudeo.
Activar a los consumidores por medio de las redes sociales y sitios web.
Promover mensajes de salud y bienestar.
Ganar programas de muestreo (dar muestras de sus productos).

Helados

Correr la voz en nuevos mercados.
Ganar derechos de venta en sitio de activación.
Adquirir plataforma promocional para ventas al menudeo.

Telefonía celular

Ayudar a promocionar nuevos teléfonos.
Ofrecer plataformas para promociones al menudeo.
Proveer contenido para aplicaciones.
Trabajar con proveedores de servicios de telefonía.

Cuidado personal

Promover nuevos productos.
Promover los atributos de la marca.

Súper mercados

Demostrar raíces locales.
Generar tráfico.

Inversión:
Deportes 64%
Festivales 14%
Entretenimiento 12%
Causas 7%
Artes y otros 3%

Deportes que patrocinan:
Carreras, maratones 19%
Intercolegiales 18%
Beisbol 14%
Futbol Americano 14%
Otros 35%

Importación de autos de lujo

Oportunidades para promocionar vehículos nuevos o rediseñados.
Acceso a talentos que sirvan como embajadores de la marca.
Pruebas de manejo en sitio de activación.
Oportunidades de marketing uno a uno.
Apoyar el posicionamiento de la marca.

Fondos mutuales

Apoyar la posición corporativa.
Activar canales de distribución.
Promover ramas locales.
Obtener exclusividad de categoría (sin otros sponsors que sean competencia).

B2B (negocios que venden a negocios)

Entretener a los clientes y prospectos.
Demostración de productos y servicios.
Incentivar al personal de ventas y distribuidores.
Tener acceso a los copatrocinadores en actividades de "networking".
Vender productos y servicios.
Elevar el perfil de la compañía.

Diarios

Derecho de publicación y ventas.
Promover sus esfuerzos online.
Activar a los editores.
Derechos de ventas en sitio de activación.

10 EL PASO EXTRA

Está claro que el mercadeo en internet puede resultar algo muy duro por la competencia que existe hoy en día; pero resulta más sencillo cuando ya estamos posicionados como expertos en un tópico.

Lo bueno del modelo del coach es que no tienes que esperar a que te conozcan bien para vender tus servicios; por el contrario, el modelo tradicional de internet te obliga a crear largas campañas para vender un libro electrónico por $17.

La idea es atraer a las personas dispuestas a invertir en nuestros servicios al precio Premium; y luego empezar a rentabilizar esos productos económicos que habrás desarrollado.

Otra cosa que debes tener en cuenta siempre, es el hecho de que no necesitas un certificado para ser experto(a); y si puedes ayudar a otras personas a alcanzar resultados mejores, más rápido o más eficientemente de lo que ellos mismos podrían, eso es todo lo que necesitas.

Para conseguir clientes de una manera más rápida y eficiente, no necesitas decenas de páginas, tampoco necesitas perseguir a los prospectos; y en definitiva no necesitas preguntarte qué les vas a decir; más bien solo debes preguntarte cómo los puedes ayudar.

Para lograr hacer esto, es necesario primero entender cómo funciona nuestro propio sistema. Si vamos a ayudar a las personas, necesitas estructurar esa ayuda y graficarla con pasos sencillos de comprender. El prospecto necesita tener una idea clara de lo que le ofreces; porque si no tiene claridad, será muy difícil que tome una decisión.

Debes también determinar cuál será tu precio; porque no querrás terminar esclavizándote. Si vas a ocupar tu tiempo trabajando duro y ganando una miseria, sería mejor buscar un empleo, y esa no creo que sea una opción para ti.

Cuando tienes bien claro lo que ofreces y lo que vales, es entonces cuando puedes atraer a los posibles clientes. Es importante que tú no los persigas; sino que sean ellos que demuestren su interés por tu programa buscándote a ti y pidiéndote ayuda. Una persona que te pide ayuda es una persona a la que no tienes que convencer de que eres útil y de confianza; no importa si aún eres un extraño. Aunque no conozcamos al médico que nos atiende en la consulta, inferimos que es capaz y digno de confianza; y también estamos dispuestos a seguir sus instrucciones.

Finalmente, cuando las personas acudan a ti por ayuda, debes ayudarlos; y en el proceso, ellos mismos se irán dando cuenta de la necesidad que tienen de ir más lejos contigo.

Lo primero que debes hacer ahora es poner manos a la obra. No alcanzarás tus sueños mientras estos sigan siendo sueños. Te pido que pongas manos a la obra ahora mismo con los ejercicios que te he propuesto. No esperes a que alguien te de su permiso; solo hazlo.

La lucha.

Este hombre estaba preocupado porque él y su familia morirían de hambre pronto sin no encontraban una nueva fuente de ingresos. Solo les quedaban ocho monedas que los ayudarían a sobrevivir por un mes más. Miraba el rostro preocupado de su esposa, y su alma se partía porque él no tenía ni idea de dónde conseguiría otra fuente de ingresos. No poseía talentos ni credenciales.

El rostro de su esposa contrastaba con el de sus dos hijitos: una niña y dos niños. Ellos jugaban despreocupados sin saber de los problemas que enfrentaba su familia. Los dos niños peleaban ferozmente por el único cochecito que tenían, porque eran muy pobres y solo podían tener uno para los dos, mientras la niña jugaba con la única muñeca que tenía la familia.

La madre cansada les decía que dejaran de pelear por el juguete; pero estos dos niños estaban determinados a dejar que la ley del más fuerte decidiera quién se quedaría con el juguetito. Esto era difícil porque los niños eran mellizos y de igual fuerza. Así que unas veces era para uno, y otras para el otro.

El hombre callado se sienta y comienza a contemplar el exterior de su casa y a lo lejos percibe las montañas rocosas que se elevan imponentes hasta las nubes. Muchas personas pasan corriendo por el frente de su casa. En medio de la multitud escucha su nombre; y una persona agitando los brazos se acerca a su casa; es su amigo Fred.

El padre de familia va hasta la puerta y se encuentra con el agitado amigo.

"¿Qué sucede Fred? ¿Por qué tanta gente corriendo?", preguntó.

"¡Se corrió la noticia de que hay oro en las montañas!".

"¿Oro?".

"Sí, todo el mundo ha salido con lo que tiene para reclamar su parte".

"¡Espera un momento! voy por mis botas y te acompaño".

Era la oportunidad que estaba esperando. Necesitaba otra fuente de ingresos; tampoco tenía talentos o credenciales que lo ayudaran. Iría a buscar oro a las montañas.

La primera cosa dura con la que se tuvo que enfrentar fue llegar hasta la montaña; fue un esfuerzo tremendo. Lo que más lo impresionó fue la cantidad de personas que ya estaban allí y que querían lo mismo que él. No había lugar; y cada vez que encontraba un pequeño espacio para cavar, alguien lo intimidaba para que se apartara.

Una idea brillante vino a su mente: su amigo Fred seguramente le dará un espacio para cavar; pero su decepción fue enorme cuando su propio amigo le dijo que buscara su propio lugar y que cada quien buscaba lo mejor para su familia.

Por fin, cuando algunos desistían exhaustos de seguir cavando, él miró la oportunidad de cavar por su oro. Solo una ínfima parte de las personas habían encontrado unas piedrecillas; por eso algunos desistían. El hombre empezó a cavar y continuó por horas sin conseguir nada. Lo que lo hacía persistir día tras día era el futuro de su familia.

Pero un día su lugar había sido ocupado por una persona más fuerte e intimidante. Allí no había leyes. Finalmente ya no había espacio para él. Había mucha competencia y no podría conseguir ni un par de pepitas de oro para venderlas y vivir un par de meses más.

Empezó a alejarse; y mientras bajaba por la montaña, dio un último vistazo y miró la multitud que cubría las laderas. Dejó caer su pala, puso las manos en sus bolsillos y calló arrodillado. Por un lado, lo esperaba su familia hambrienta; y por el otro, un lugar repleto de millares de personas que no le darían oportunidad de obtener alimento para su familia.

La imagen de su amada esposa llegó a su mente y una lágrima salió a recorrer una de sus mejillas. Luego, la imagen de sus dos pequeños peleándose por el cochecito; y otra lágrima recorre su mejilla. Por último, la imagen de su niña jugando tranquila con su muñeca, la única que había en casa.

De pronto sus ojos se abrieron como nunca antes lo habían hecho. Estaba apretando uno de sus puños dentro del bolsillo. Agarraba con fuerza las ocho monedas que le restaban para alimentar a su familia. Solo tenía tres imágenes en la mente: la multitud peleándose por cavar y encontrar oro, mientras cavaban hasta con sus propias manos, ocho monedas y la imagen tranquila de su pequeña jugando con su muñeca.

Su pecho comenzó a agitarse de emoción; era como si hubiera encontrado una beta de oro. Se levantó corriendo para bajar al pueblo; llegó casi sin aliento hasta la entrada de una tienda; se disponía a gastar el dinero que le quedaba; y no lo haría en alimentos para su familia, lo que resultaba arriesgado. Tenía que tomar una decisión; y finalmente lo hizo: gastó el dinero.

El hombre regresó a la montaña con una seguridad y una sonrisa en su rostro. Muchos al verlo corrieron hacia él apresurándose para ser los primeros. El hombre había comprado palas para vender. La imagen de sus dos niños peleando por el único juguete era la misma de las personas peleándose por los únicos lugares disponibles; pero la niña estaba en otra categoría de juego: el de las muñecas. Por lo tanto, ella disfrutaría la tranquilidad de no tener competencia.

Ese hombre entendió que si en vez de un competidor más, se convertía en un facilitador de herramientas para hacer que los que compiten se acerquen más a sus objetivos, él tendría éxito. Algunos encontrarían oro y miles no lo harían; pero el que vende las palas siempre recibirá su paga.

Este hombre sabía que valía la pena invertir, no gastar, el poco dinero que tenía en herramientas; porque él sabía que todos los que estaban en la competencia, tuvieran éxito o no, lo necesitaban a él y sus palas.

¿Estás cavando por oro o vendiendo palas? El éxito espera por aquellos que pueden ofrecer a otros un medio para alcanzar sus objetivos; esas personas siempre serán buscadas; y es allí donde entras tú como experto(a). Como el hombre de nuestra historia, necesitas compromiso y decisión, así como él usó los recursos que tenía para alcanzar algo grande por un medio pequeño. Además, un experto nunca deja de aprender.

Cómo los exitosos evitan fracasar.

Una cosa es tener éxito; y otra muy diferente es mantenerlo. Estas son las cosas que los expertos de éxito hacen para evitar el fracaso:

1) Nunca dejan de aprender y dominar su área de experticia.
2) Siguen y aprenden de los mejores en su campo.
3) Se rodean de personas exitosas.
4) Como el hombre de las palas, no piensan en caro o barato; sino que piensan en lo que van a conseguir. No sacrifican; más bien invierten.
5) Nunca dejan de pensar en las personas a quienes sirven.

Hay mucho poder en rodearse de gente de éxito: puedes aprender las mejores prácticas, crear conexiones que te pueden ayudar a tener éxito y elevarte personalmente mientras tu negocio también crece. Procura estar siempre con personas que estén a tu altura o más elevadas que tú en los negocios. Solo así estarás en capacidad de ir y ayudar a levantarse a los más débiles.

Por lo tanto, si sientes que necesitas tener a tu lado personas que te impulsen a actuar y a quien reportar tus avances, únete a nuestra comunidad y comparte con personas como tú todos tus avances. Ayuda a otros a encontrar nuevas perspectivas sobre cómo usar el método de las ventas sin esfuerzo a través de patrocinio. Espero emocionado verte por allí. Un abrazo.

http://academiamundialdepatrocinio.com/

SOBRE EL AUTOR

Ulises Suárez es el fundador de academiamundialdepatrocinio.com, un portal que ayuda a fundaciones, emprendedores, artistas y deportistas a cumplir sus misiones mediante la ayuda de aliados promocionales y corporativos. Ulises es el único experto que haya sintetizado y sistematizado un manual detallado para conseguir aliados promocionales y corporativos a través del patrocinio gracias a su continua y exhaustiva investigación sobre el tema.

www.ingramcontent.com/pod-product-compliance
Lightning Source LLC
Chambersburg PA
CBHW051217170526
45166CB00005B/1937